Ausführliche Informationen
über unsere Autoren und Bücher
finden Sie auf unserer Website
www.dtv.de

Anton Aschenbrenner

Ich liebe Gott
(und eine Frau)

Ein Ex-Pfarrer erzählt

Deutscher Taschenbuch Verlag

Auch als E-Book lieferbar

Originalausgabe 2014
© 2014 Deutscher Taschenbuch Verlag GmbH & Co. KG, München
Das Werk ist urheberrechtlich geschützt.
Sämtliche, auch auszugsweise Verwertungen bleiben vorbehalten.
Umschlagkonzept: Balk & Brumshagen
Umschlagfoto: Martin Hangen
Satz: Bernd Schumacher, Obergriesbach
Gesetzt aus der Minion 10,75/14,25 pt
Druck und Bindung: CPI – Ebner & Spiegel, Ulm
Gedruckt auf säurefreiem, chlorfrei gebleichtem Papier
Printed in Germany · ISBN 978-3-423-26033-6

Inhalt

Warum ich dieses Buch schreibe **7**

Kindheit **13**

Jungpriester **21**

Die erste eigene Gemeinde **30**

Unsere Liebesgeschichte **36**

Dorothea **47**

Neuanfang **58**

Zölibat **66**

Die Rolle und das Selbstverständnis
der Priester **87**

Freie Kirchlichkeit **95**

Gretchenfrage **104**

Schuld und Sünde **112**

Weltgedanken **126**

Über die Liebe **136**

Reden und Schweigen **149**

Der Sinn des Rekapitulierens **155**

Biografie und Religion **162**

Mein Leben heute **170**

Schlussgedanken **180**

Was noch zu sagen wäre **188**

Warum ich dieses Buch schreibe

»Pfarrer wird Vater und arbeitslos!« – so vermarkteten die Medien meine »Story«. Darauf reagierte die Diözese extrem sauer. Ich würde meine Sünde verherrlichen, warf sie mir vor. Dabei bin ich nie selbst aktiv auf Journalisten zugegangen. Sie hatten einfach Interesse an meinem »Fall«. Verherrlichen wollte ich meinen Zölibatsbruch nie, auch wenn ich mich dessen nie schämte. Das Ganze war ja ein längerer Prozess. Die Duldung durch die Kirche, die heimliche Freude der Pfarrei, das stille Beispiel ähnlicher Fälle haben mich innerlich ermutigt, meine Liebesbeziehung immer tiefer werden zu lassen. Ich leugne nicht, dass es meine Entscheidung war so zu leben, aber ich habe klar meine Konsequenzen gezogen, habe auch bald die katholische Kirche verlassen, um meinen eigenen, neuen Weg zu gehen. Eingegangen auf Medienanfragen bin ich zunächst aus Nichtwissen. Wer etwas gefragt wird, gibt Antworten, dachte ich naiv. Je mehr ich erkannte, wie feindlich die Kirche mit mir umgeht, desto mehr wurde ich darin bestärkt, mich frei zu äußern und zu reflektieren, welche verschiedenen Facetten der Kirche ich erfahren habe. Wichtig war mir immer, dass ich zwischen Kirche als Großkonzern, Pfarrei als Familie vor Ort und Glaube als persönliche Orientierung grundsätzlich trennte.

Mein Credo war und ist: Ich will nichts verbergen. Und das entsprach nun gar nicht dem Stil, wie die Kirche mit Konkretem umgeht, seien es Finanzen, Personalfragen oder Zukunftsplanungen. Was meine Geschichte so bekannt machte, war nicht ich, der bei den Medien um Berichterstattung gebuhlt hätte. Ganz im Gegenteil, oft habe ich auch abgelehnt, weil es immer dasselbe war. Meine persönliche Botschaft, mein »mission-statement«, kam meist nur am Rande vor. Dass ich die Welt menschlicher, ökologischer, gerechter gestalten wollte, verschwand meist hinter der Überschrift: »Pfarrer heiratet und wird gefeuert.«

Ein Mann sagt Ja zum Kind, auch wenn es ihn den Beruf kostet.

Ein Mann sagt Ja zur Partnerin, gerade dann, wenn ihre Schwangerschaft seine Karriere knickt.

Ein Mann sagt Ja zum Glauben, auch wenn er Widerstand erfährt und der Bischof ihm kündigt.

Müsste nicht ein Bischof stolz sein, weil eine Gemeinde so zu ihrem Pfarrer steht? Ist nicht der Wert der Ehrlichkeit, der durch so einen Schritt öffentlich gemacht wird, wichtiger als die Prinzipientreue, die das Menschliche hintanstellt? Die Gemeinde honorierte, dass da ein Mensch Geld, Ruf und Zukunft weniger schätzt als Treue zu einem Menschen; dass er einstehen will für das, was passiert ist, und aufrichtig Geradlinigkeit zu leben versucht. Darf dann nicht auch die Geschichte erzählt werden, dass ein Bischof dem, der so die Konsequenzen zog und ging, im Nachhinein das Leben schwer macht, indem er ihm eine gute Stelle verdirbt?

Mir geht es nicht darum, in eine allgemeine Kirchenschelte einzustimmen, über diesen großen Arbeitgeber zu lästern und sein positives Wirken zu diskreditieren. Ich berichte von meinem Lebensweg, der eine Kehrtwende beinhaltet. Ich möchte der Versuchung widerstehen, aus meinem Leben eine Heiligengeschichte zu machen. Denn gerade das hat mich an meinem Studium der Kirchengeschichte meist gestört: dass dort der Versuch unternommen wurde, alles als immer richtig und beste Wahlmöglichkeit der Kirchenleitung zu beschreiben. Fehler – so schien mir das Lehrkonzept damals zu zeigen – haben im Verlauf der Ereignisse immer nur die anderen gemacht, die eine Heilige Kirche agierte im jeweiligen Zeitrahmen immer optimal. Das habe ich selbst nicht getan. Ich kenne meine Schwächen. Auch, wo ich keine öffentliche Beichte ablege, weiß ich um meine Ungereimtheiten. Allein, dass ich so lange den Weg einer teils verschwiegenen Beziehung gegangen bin, ist etwas, das ich heute bereue. Gegen manches Gemeindemitglied habe ich sehr polemisch geschossen, bisweilen auch meine Macht als Pfarrer ausgeübt, weil ich glaubte, so der Botschaft Jesu mehr zu ihrem Recht zu verhelfen. Ich bin ein Mensch, den manchmal gehörig der Zorn packt, und kann darin auch den Bischof verstehen. Allerdings machte ich vor Ort die Erfahrung, dass man darüber später reden kann oder bei einem Bier sagt: »Schwamm drüber, wir packen wieder gemeinsam an.« Das lernt man ja in der Familie. Es kann sich manchmal aus einer Lappalie ein Streit entwickeln, aber dann spricht man sich anschließend aus. Auch als Vater kann ich um Vergebung bitten, was meine Autorität nicht schmälert.

Nur wer sich selbst gegenüber ehrlich bleibt, kann wachsen und das möchte ich. Und das möchte ich auch zu gern für die Kirche, der ich doch sehr, sehr viel verdanke. Meine Bereitschaft, in den Medien das zu erzählen, was sich im Zusammenhang meines Zölibatsbruches zugetragen hat, greift ein latentes Interesse der Bevölkerung an Vorgängen innerhalb der Kirche auf. Das könnte auch von der Kirche positiv gesehen werden, denn nichts wäre für sie schlimmer, als wenn sie den

Leuten gar nichts mehr bedeuten würde. Dem, den man interessiert verfolgt oder auch manchmal kritisiert, dem traut man etwas zu, an den hat man Erwartungen, der steht für etwas Wichtiges und wird gehört. Eine Kirche, die niemand mehr wahr- oder gar ernst nimmt, die niemanden mehr aufregt, wäre zum Aussterben verurteilt.

Schade ist nur, dass sie Stoff zum Aufregen genug liefert, und das auf eine Weise, die ihre Botschaft konterkariert. Ihr sollte es um die Kinder, die Familien, den Zusammenhalt der Gemeinden, um Ehrlichkeit gehen, was sie ja auch behauptet, aber leider dann real zu wenig erfahren lässt. Viele Aussagen der Kirche, viel gutes Engagement von Gläubigen, viele Kraft gebende Inhalte der Glaubenslehre werden deshalb nicht ernst genommen, weil die Kirchenführung ihre eigenen Lehren in der Praxis oft nicht umsetzt. Einem gnadenlos auf ein unsinniges Recht pochenden Bischof nimmt man die Rede von der Liebe und der vergebenden Gnade Gottes einfach nicht mehr ab. Und somit wird vieles nur noch als leere Phrase empfunden.

Gerade deshalb wird meine Geschichte so brisant: weil hier deutlich wird, dass einer um der Glaubwürdigkeit willen Konsequenzen gezogen hat. Hier hat einer anders gehandelt, als man es sonst von der Kirche gewohnt ist. Gewohnt ist man von ihr das, was der Bischof bei mir getan hat: dass Härte demonstriert, Gespräche verweigert und Macht ausgespielt werden. Das Signal, das er damit setzte, ist kontraproduktiv. Nicht nur in mir hat dieses Verhalten lange Zeit Zorn geschürt, auch viele Gläubige haben ihre Enttäuschungen in Verweigerung umgesetzt und ihr Engagement für eine lebendige Gemeinde auf andere Gebiete umgelenkt. Und noch mehr: Wer den Mut zur Wahrheit so bestraft, bewirkt nur, dass der nächste Priester lieber im Verborgenen seine Probleme löst. Eine so offensive kirchliche Politik der Einschüchterung löst im Kreis der Mitarbeiter alles andere als frohes, ehrliches und auch mal innovatives Anpacken aus, sondern führt zu Erstarrung und Dienst nach Vorschrift. Und wie lautet die Moral aus der Geschichte? Eine »Moral aus der Geschichte« gibt es nicht, denn ich bin überzeugt, dass meine Geschichte weitergeht. Und sie hat mir gezeigt, was alles in mir steckt. Wäre sie nicht passiert, hätte ich so vieles nicht ausprobiert, so vieles nicht erlebt und erfahren. Und auch für die Kirche ist sie wirksam, weil sie dort ein Thema aktuell und lebendig hält, das zu ihrem Kern gehört: Wie kann Leben gelingen, wie kann ich mir selbst treu bleiben, wie über mich hinauswachsen, wie kann Partnerschaft ein Ort der Gotteserfahrung werden, wie kann Gnade nicht nur ein Wort sein in einer oft gnadenlosen Welt, sondern eine reale Erfahrung?

Darum bin ich dem Bischof für diese Geschichte auch sehr dankbar. Nebenbei hat er mir durch sein Pochen auf die »ökumenische« Abmachung viel Zeit für mein Kind geschenkt. Denn hätte der Bischof mir als Konvertiten die Stelle als evangelischer Religionslehrer am Passauer Gymnasium gelassen, wäre ich heute um viele schöne Stunden mit meiner Tochter Dorothea ärmer.

Was mich meine Geschichte gelehrt hat, ist die unendliche Kraft des Glaubens, der Berge versetzen kann. Vielleicht versetze ich nicht den Steinhaufen Zölibat, aber viele Hürden in meinem Weg konnte ich nehmen im festen Glauben daran, dass ich in mir eine Kraft vorfinde, die mir hilft, Dinge anders anzuschauen. Scheitern nicht als Untergang, sondern als Übergang zu erfahren, habe ich an dieser Geschichte für mich so eindrucksvoll erleben dürfen, dass ich aus dieser Erfahrung gespeist heute Lebensprobleme ganz anders angehe. Und ich möchte damit auch vielen anderen Menschen Mut machen:

Du schaffst es! In dir ist eine Kraft, die dir hilft, Berge nicht als mühselige Schikane zu sehen, sondern als Herausforderung, um einen neuen Ausblick zu haben. Ich möchte ein Mutmacher sein, der auf die Kraft in der Tiefe vertraut, die ich gern mit dem alten Wort »Gott« anreden möchte, aber nicht muss. Diesen Mut aus der innersten Kraft der Liebe, die viele, aber nicht unbedingt alle Gott nennen, will ich denen vermitteln, die das Geschenk eines Kindes feiern, die ihre Liebe zum Fest für sich und andere machen, aber auch für die, die sich von einem geliebten Menschen verabschieden und auf ein Leben zurückschauen, das ihr eigenes Leben wesentlich berührte. Meine Zeremonien um Geburt, Liebe und Tod ebenso wie meine Dienste als Berater speisen sich aus der Gnade, die ich bei meiner eigenen Lebenswende erfahren durfte.

Gott sei Dank, dass alles so kam, wie es kam. Und darum sollen Sie, lieber Leser, das auch erfahren.

Kindheit

Wir waren drei Kinder und genossen alle eine intensive Mutterliebe. Dabei – so meine Erinnerung – pendelte meine Mama geradezu ständig zwischen Krankenhäusern und unserem Eisenbahnerhäuschen ein paar Kilometer außerhalb der Stadt. Meine Mutter hatte tausend Krankheiten – TBC, Nierenleiden, viele Entzündungen wegen falsch behandelter Zähne … Deshalb wurde meine Schwester in einer Lungenklinik in Bad Mergentheim geboren, 200 Kilometer von zu Hause entfernt. Wegen ihres Nierenleidens war unsere Mutter oft in einer speziellen Nierenklinik in Schwandorf, was uns Kindern damals ohne Auto auch schon ewig weit weg erschien. Wie unsere Mutter all das schaffte, weiß ich nicht, zumal sie in ihren gesunden Phasen auch noch als Verkäuferin arbeitete. Rollentypisch erledigte sie sämtliche familiären Geschäfte, während unser Vater als Bahnbeamter und engagierter lokaler Vereinsaktivist eher selten zu Hause war.

Die Fürsorge meiner Mutter wurde belohnt: Aus meinem kleineren Bruder, meiner größeren Schwester und auch aus mir, dem Sandwichkind, wurde was – jeder konnte studieren und einen entsprechenden Beruf ergreifen.

Zu meiner religiösen Haltung haben sicher meine beiden

Großmütter ihren Teil beigetragen. Andererseits war es natürlich damals in der Oberpfalz üblich, dass wir alle ganz selbstverständlich zur Kirche gingen.

Mutterliebe ist für Kinder wichtig, lebensnotwendig wie Wasser. Aber wie bei allem ist die Dosis entscheidend. Man kann im Wasser auch ertrinken und Kinder können dies ebenso an zu viel Mutterliebe. Ertrunken bin ich nicht, ich bin dankbar für den starken Strom, in dessen Flut es mir aber lange nicht gelang, mich freizuschwimmen. Eugen Drewermanns ›Psychogramm eines Ideals‹, wie der Untertitel seines Werkes ›Kleriker‹ heißt, schärfte mir damals als frisch geweihtem Kaplan den Blick auf die unbewussten Wurzeln meiner großen Versprechen: Wer der Mutter Kirche Gehorsam schwört, der tendiert zu einer überinnigen Mutterbindung seit Kindertagen. Wer sich dem Heiligen Vater unterwirft, der möge seine elterliche Vaterbeziehung reflektieren. Wer der Jungfrau Maria so zentrale Verehrung zollt, der tut gut daran, seine sexuelle Energie nicht unter dem schweren Brokat klerikalen Ornates zu unterdrücken. Das mag sehr deftig klingen, doch scheint es unbestritten, dass unser Tun durch Kindheitserlebnisse geprägt ist.

Mein Wunsch, Priester zu werden, reicht jedenfalls weit zurück in meine Kindheit. Lebendig sehe ich das Bild eines Familienausflugs am Sonntag auf einen der Bayerwaldberge vor meinem inneren Auge. Bei der Einkehr vor der Heimfahrt im Wallfahrtsgasthaus nahe Cham tritt ein Redemptoristenpater an den Tisch und fragt uns Kinder nach unseren Berufswünschen. Ich war damals vielleicht fünf oder sechs Jahre alt, es war noch, bevor ich in die Schule kam. Da sah ich schon begeistert zu diesen wichtigen und geachteten Männern auf. Frank und frei verkündete ich, dass ich Pfarrer werden möchte.

Als Kind bewunderte ich unseren Pfarrer. Er war nett und gewiss ein Vorbild für mich. Es war die Zeit nach dem Zweiten Vatikanischen Konzil und die Aufbruchsstimmung hat ihn beflügelt. Unsere Pfarrkirche war riesig und modern und man traf auf dem langen Heimweg all die Schulkameraden und Kumpels der umliegenden Dörfer. Damals gingen fast alle hin. Neben der Wallfahrtskirche stand sogar ein Wirtshaus, das später Treffpunkt wurde, dahinter war ein Steinbruch zum Klettern und das Mesnerhaus war wie ein Gruppenraum für uns Jugendliche. Es war viel los rund um die Kirche.

Als ich 13 war, kam ein anderer Pfarrer, streng, unnahbar, mit einer absolut starren Haltung und langweiligen Predigten, vollgestopft mit Pflichten und Verboten. Die lebensfroheren Kapläne standen unter seiner Überwachung und der seiner noch muffigeren Mutter.

Jetzt erst recht, dachte ich mir, muss ich Pfarrer werden, damit die Miesepeter und Rückwärtsgewandten nicht die Oberhand gewinnen. Ich habe mich getäuscht; sie waren in der Überzahl und an der Macht. In der Jugendarbeit auf Landkreisebene konnte man sich darüber hinwegtäuschen. Da traf man nur Priester mit guten Ideen, flott drauf und trotzdem sehr nachdenklich und meditativ. Hier sammelte ich meine prägendsten Kirchenerfahrungen: Meditationswochenenden, Hüttenwanderungen, Arbeitskreis »Schöpfung bewahren«, Jugendgottesdienstteam ... und vor allem gab es nach der Schule einen Anlaufpunkt, wo man diskutierte, las, Tee trank, Ideen spann und ernst genommen wurde. Als Fahrschüler war ich von meinem Heimatort immer mehr abgekoppelt. Dort war ich als Sonderling bekannt. Wegen meines starken religiösen Interesses durfte ich schon zur Heiligen Kommunion, als ich noch in der ersten Klasse war. Und in der vierten Klasse wusste dann jeder: Der Anton strebert, weil er Pfarrer werden will und dazu ans Gymnasium muss. Nur zwei der damals 66 Grundschüler haben den Übertritt gewagt.

Um dem neuen »Bußprediger« zu entkommen, bin ich mit Freunden einige Kilometer zu einem anderen Pfarrer geradelt, der sehr gescheit und doch total umgänglich war. Sport war jetzt insofern wichtig, um für den großen Einsatz einmal stark genug zu sein. Ich sog in mich auf, was es über die Welt zu wissen gab, las viele Zeitungen und schaute Politreportagen im Fernsehen. Ich las den damals kritischen Ratzinger, aber auch emotionale Heiligenromanzen wie Luise Rinsers Buch ›Bruder Feuer‹.

So einer wollte ich werden. Ein neuer Franziskus. Der hatte auch alles aufgegeben, um für die Armen da zu sein. Hat dem Vater seinen Erbteil hingeworfen, weil er spürte, nicht er besitzt die Dinge, sondern sie ihn. Ich war davon überzeugt, dass Gott die Welt allen gegeben hat, damit alle passabel leben können. Er wollte nicht, dass man die Welt und die Menschen ausbeutet und meint, wenn man mehr besitzt, ist man glücklich. Franz war glücklich, ohne alles.

Ich war eher unglücklich, weil ich, wenn auch nicht zu viel, so doch sehr viel besaß, mehr als all die Verlierer, auf deren Kosten unser Wohlstand entstanden war. Hier packte mich das Schuldgefühl. »Weh euch, die ihr jetzt reich seid, ihr werdet im Jenseits jammern!«: So hörte ich in mir die Drohbotschaft der Bibel. Und warum nennt man sie dann Frohbotschaft? Ich musste mehr über sie wissen, ich musste studieren. Es gab so viele Sätze, die mein Hirn beschwerten: »Außerhalb der Kirche kein Heil!« Und was ist mit den armen Hindus und Buddhisten und all den anderen? Wirft Gott sie in die Folterkammer der Hölle? In mir brodelte es und ich konnte auf all die Fragen keine Antworten finden. Die schwierigste war die nach dem Wort Gott. Die Naturwissenschaften hatten mich schon immer interessiert. Aber wo bleibt da für Gott ein Platz? Die Sternwarte unseres Gymnasiums sichtete kein Raumschiff für ihn. Aber es gab hitzige Diskussionen. Einer meiner Fahrschülerkollegen war Darwinist. Was er sagte, schien plausibel. Ein anderer war Freudianer. Der äußerte auch nachvollziehbare Gedanken vom Gott als Vater, der die fehlenden Väter ersetzt. Einer war Marxist. Man müsse den Himmel erden. Religion als Opium des Volkes (oder noch schlimmer: für das Volk) müsse man entziehen. Religionsfreiheit ganz neu verstanden: Der Mensch muss von der Religion befreit werden, damit der Mensch wahrhaft Mensch werden kann. Wir waren ein munteres Völkchen, das am Bahnhof Schafkopf spielte und auf dem Schulweg philosophierte.

Der Vater eines Schulfreundes war Staatssekretär; mit ihm fuhren wir zu Politveranstaltungen. Aber ich merkte schnell, wer hier die Welt verbessern will, der ist fehl am Platz. Hier kommt man in erster Linie durch Mitläufertum voran. Das war gegen all mein Ansinnen. Also doch Pfarrer, denn wenn man die Welt verbessern kann, dann nur über den Weg des Menschen, der anders handelt. Ja, ein Pfarrer im Schuldienst, der kann seine Schäfchen gegen die Wölfe mobilisieren – so wie unser Pfarrer an der Schule. Das Zukunftsbild wurde immer klarer und kam immer näher.

Der andere Prägeort war das örtliche Kloster der Redemptoristen, ein Orden, der dem kämpferisch-klugen Orden der Jesuiten sehr ähnlich ist. Hier war es aber gerade nicht kämpferisch und gescheit. Hier war es ruhig und gedankenfrei. Hier kam ich in Berührung mit der Meditation oder besser der Kontemplation, einer Art christlicher Zen-Praxis.

War bislang mein Bestreben, die Welt zu verbessern, um meine Schuld vor Gott wenigstens ein bisschen abzutragen, traf ich hier auf einen Ort, an dem es erstaunlicherweise nicht darum ging, dem Wort Gott logisch nahe zu kommen. Und es ging auch nicht darum etwas anzupacken, sondern darum, einfach nur still zu sitzen, weder zu denken noch zu handeln, einfach nur da zu sein, sich wortlos dem Geheimnis auszusetzen, das uns umgibt. Dieses Nichtstun hätte mich beinahe zerrissen. Meine Grundüberzeugung war: Nur wer alles tut, um die Welt zu retten, oder sich zumindest gezielt darauf vorbereitet, kann selbst gerettet werden. Trotzdem wirkten dieser Pater und die Meditation auf mich wie ein Heilkraut, das man widerwillig schluckt, aber das schließlich doch Wunder wirkt. Es gab innere Erlebnisse, die mich motivierten, auch dann weiter in der Stille zu verweilen, wenn der Kopf mich mit Zweifel bestürmte oder die Beine schwer wurden. Es waren wunderbare Kurse, teils sogar über Silvester, teils an schönsten Sommertagen, an denen ich die Stille allem anderen vorzog – und auch heute noch vorziehe.

Meine Eltern nahmen wahr, wie sich mein Leben veränderte, zumal meine Mutter. Sie stammte aus Niederbayern und ihr Vater war noch mit den Zigeunern umhergezogen, um Waren feilzubieten. Sie dachte freier und nicht so obrigkeitshörig, wozu die anderen Menschen unserer Umgebung meiner Einschätzung nach tendierten. Sie akzeptierte, dass ich kein Fleisch mehr aß und meine Aufmerksamkeit neben der Schule nicht den Mädchen, sondern der Politik und der Religion galt. Sie warnte vor zu viel Kirche und riet mir zu einer soliden Ausbildung, nach der ich mich immer noch in die »Krallen« der Kleriker begeben konnte. Aber ich wollte Pfarrer werden, dachte bei Wanderungen stundenlang über die Welt nach und über das, was darin zu tun wäre. Immer wieder tauchte dieses Schuldgefühl auf: Ich als Kind der Wohlstandswelt bin mitverantwortlich für das Elend derer, die unsere Rohstoffe bereitstellen, bin Ursache für die Ausbeutung von Mensch, Tier und Natur. Das war für mich die große schwere Sünde, nicht das, was die Kirche dazu hochstilisierte, die Sexualität. Sicher gibt es auch auf diesem Gebiet Schlimmstes, aber das war mir damals kaum bewusst.

Mein Vater, zwar gewerkschaftlich aktiv, kümmerte sich um Fragen der Wohlstandsverteilung und des Umweltschutzes weniger. Er verdiente als Eisenbahner Geld und als vielfacher Vereinsaktivist öffentliche Achtung. Reden konnte ich über solche Themen fast nur mit meiner Mutter, über deren gesundheitlichen Zustand ich ständig in größter Sorge war. Neben dem Haushalt für uns drei Kinder ging sie ja auch arbeiten als Verkäuferin. Sie war immer extrem fleißig.

Ich vermute, dass ich von ihr dieses nimmermüde Arbeitsethos und vom Vater die Lust am öffentlichen Auftreten geerbt habe und von beiden eine distanziert-kritische, aber große Nähe zur Kirche und ihrer Botschaft. Vaters Reiselust beschränkt sich bei mir auf ein immenses dienstliches Muss. Ich lernte, dass man zum Glück nicht viel braucht. Dieser Satz ist doppeldeutig. Welch ein Glück, ich brauche nicht viel, und anders genauso, ich bin mit ganz wenig glücklich. Ja, dachte ich mir, Gott hat uns die Welt geschenkt für ein Leben in Fülle, wie Jesus im Johannesevangelium sagt. Wir dürfen aus Freude und froh leben, aber sollen merken, dass man für erfüllende Freude nicht viel braucht. Meine Lebensfreude erfuhr gerade dadurch einen Knick. Ich empfand zu viel Mitleid mit all der zerstörten Natur, den gequälten Tieren und geschundenen Menschen. Darf ich mich um all das wissend trotzdem über andere Dinge in meinem Leben freuen?

Heute sage ich ja, weil ich weiß, dass auch Traurigkeit und schlechte Laune an all dem nichts ändern. Damals schmerzte das Mitleid oft mehr als diese heutige Erkenntnis. Sich am Leben freuen, dennoch nicht blind sein für das, was geändert gehört, und das tun, was einem dabei möglich ist, lautet meine Lernerfahrung aus dieser Kinder- und Jugendzeit.

Religion und Kirche können dabei eine nützliche Hilfe sein, aber das »geistliche Schwert« (eine mittelalterliche Bezeichnung in Abgrenzung zur weltlichen Macht des Kaisers, dem weltlichen Schwert) ist wie alle Messer zweischneidig. Schuldgefühle, Höllenängste, Zwangsvorstellungen, Machtspiele sind unter diesem geistlichen Schirm noch gravierender.

Ich ging angeschlagen, aber voller Tatendrang weiter, denn mir war klar, dass ich über dieses System, diese Theorie, diesen Beruf mehr wissen wollte.

Jungpriester

Zwanzig Jahre Erwartung haben jenen großen Tag vorbereitet. Dann bist du Priester – auf ewig. Das Studium war nun zu Ende. Was folgte, war der Praxisschock. Der war zunächst nicht ganz so schlimm. Meinen ersten Lehrherrn durfte ich mir noch selbst aussuchen. Arbeitsam war ich schon immer, aber im Vergleich zu ihm war ich eine Schlafmütze. Als ich in seinem Pfarrhof gegen 22 oder 23 Uhr aufhörte zu arbeiten, war bei ihm immer noch Licht. Er ließ mich machen, war freundlich, aufgeschlossen, beliebt – nur seine Predigten wollten kein Ende nehmen. Auch seine Haushälterin war emsig und wuselig – nur ihre Fürsorglichkeit schien einen manchmal zu ersticken. Hohe Theologie war hier eher nicht gefragt, es genügten eine große Portion Menschlichkeit und viele Ideen, um die Gemeinde bei Laune zu halten.

Jeder konnte auf seiner Spielwiese machen, was er gerade wollte: die Narrenfreiheit eines Dorfpfarrers. Unsere Praxisausbilder sahen das ähnlich. Der Tanz war mein Steckenpferd und das Thema meiner Zulassungsarbeit. Mit ihr kam die Weihe nun wirklich bedrohlich nahe. Mit einem Kollegen, der nur drei Jahre nach der Weihe heiratete, wogen wir Priesteranwärter das Für und Wider ab. Macht es wirklich Sinn, in dieser Kirche zu arbeiten? Wir spürten ja, dass die Spielwiesen der anderen immer konservativer wurden. Aber genau deswegen empfanden wir es als notwendig, dass auch Leute wie wir den Kurs der Kirche mitbestimmten.

Letzten Feinschliff sollten uns die Weiheexerzitien im Kloster Admont geben. Dort wurde jeden Tag eine andere Heilige mit sechsgängigem Mittagessen und Befreiung von der Tischlesung begangen. Auf meinem Zweizimmerapartment sollte ich ein spirituelles Buch lesen und ins Schweigen gehen. Ich machte einen Spaziergang, damit die Zeit schneller verging. Endlich war es so weit: Samstag, der 2. Juli. Der riesige Dom zu Passau war schon Stunden zuvor voll. Wir Gladiatoren wurden in der Prunksakristei angekleidet, während im Kirchenschiff Eltern, Geschwister und viele Freunde ihre Plätze einnahmen. Wir kamen in einem langen feierlichen Zug herein, ein unglaublich erhebendes Gefühl. Trotzdem erkannte ich das eine oder andere Gesicht, jemanden, der mir zuwinkte, auch wenn sonst alles todernst war.

Schweigend lagen wir am blanken Boden, Gebete stiegen zum Himmel, angeblich Gottes Geist zu uns herab. Ein Versprechen in die Hand des Bischofs wurde mit der Überreichung des Kelchs quittiert. Bei der Weihehandlung werden die Hände aufgelegt – zuerst vom Bischof und den höheren Geistlichen, dann sind die Priester an der Reihe. Die zu Weihenden – d. h. wir – knieten und in einer langen Reihe zogen schweigend die Priester an uns vorüber. Nur die großen Glocken läuteten, mystische Stimmung im vollbesetzten Dom. Die Priester legten – je mit verschiedenem Druck – ihre beiden Hände segnend auf unsere »Frisuren«. Laut Bibel und katholischer Auffassung wird dadurch der heilige Geist auf die Neupriester übertragen. Die sogenannte »Sukzession« besagt als Kriterium der gültigen Weihe, dass man diese Weitergabe über die Priester und den Bischof zurückverfolgen kann bis zu Petrus. An die hundert andere Priester zogen an uns Knienden vorüber und legten still ihre Hände auf. Kein Zweifel, so eine dichte Inszenierung wirkt tief in die Seele. Am Schluss sangen alle ›Großer Gott, wir loben dich‹. Wir zogen aus und badeten in der Menge. Überschüttet von tausend guten Wünschen ging es zum Mittagessen mit Familie und Bischof. Abends noch einmal eine Andacht und dann endlich nach Hause.

Aber dort wartete noch ein Empfang. Das ganze Dorf hatte sich herausgeputzt und wollte mich willkommen heißen. Ich als Neupriester war ihr großer Schmuck, so eine Auszeichnung haben die Nachbardörfer nicht. Diese Welle dauerte zwei Wochen. Der erste Gottesdienst in der Heimat wurde als Megafest gefeiert. Eskortiert von Landrat und weiterer Prominenz ging es zur Kirche. Wieder ein Hochamt, wieder ein Empfang, wieder tausend Glückwünsche. Und in der Praxisgemeinde erneut. Der Korso riss schier nicht ab. Man kommt da auch nicht aus und kann kaum etwas selbst bestimmen. Mein Wunsch, am Primizabend einen Ball zu veranstalten, wurde vom Pfarrer abgelehnt und mein Ansinnen dem Bischof gemeldet, der mich bat, einfach mitzuspielen, wie es sich gehört.

Der Tag, an dem man zum ersten Mal in der Heimatgemeinde Messe feiert, heißt Primiz (von lateinisch *primus*: der/das Erste). Dieser Tag ist ein Riesenfest. Da feiert sich gleichsam diese Herkunftsgemeinde als »Produktionsstätte« eines so hochwürdigen Menschen. In ihr waren die Bedingungen so optimal, dass Gott da einen Mann als seinen Diener auserwählt und zum Priester geformt hat. Zunächst lädt der sogenannte Primiziant eine große Schar Verwandte, Freunde und die in der Gemeinde tätigen Leute ein, mit ihm nach der Messe zu speisen – bei solchen Gelegenheiten hatten Kollegen

Zelte für 1500 Leute aufbauen lassen. Die Gäste bekommen eine Essens- und Getränkemarke und spenden dann wie bei einer Hochzeit (nur noch großzügiger) dem Primizianten. Teil der Feier sind dann auch Reden, Spiele (der Grundschüler zum Beispiel), Einlagen von Freunden ... Und nach Kaffee und Kuchen beschließt eine »Kasred« das üppige Essen: Ein Studienkollege oder Freund zieht dabei in einer witzigen Rede über die Untugenden des Frischgeweihten her. Dann geht man noch einmal zur Kirche und feiert eine Andacht, der Primiziant segnet noch einmal feierlich. Und da ich zu der Zeit viel tanzte, wollte ich einen Tanzabend folgen lassen, wie bei einer Hochzeit. Aber da fand der Archivar ein Dokument aus dem 17. Jahrhundert, wo genau dies verboten wird. Damals gab es bei diesen Festen sogenannte »Primizbräute« (meist junge Mädchen) und dieses wilde Treiben wurde kirchenamtlich unterbunden. Und mir hier nun auch.

Als Strafe erhielt ich als Geschenk, was ich um Himmels willen nicht wollte: eine hölzerne Muttergottes und einen schwarzen Talar. Damit sollte ich ein richtiger Pfarrer werden, bei dem ganz oben die Marienverehrung und als Nächstes die Weltabgewandtheit steht. Aber nun war es geschafft. Ich war ein Priester und das konnte mir niemand mehr nehmen. Ich bin es eigentlich auch heute noch, da die Priesterweihe ewig gilt.

Nach all der Euphorie begann der harte Alltag. Man stelle sich vor, ein Betriebswirt oder Bauingenieur würde am Berufsanfang so hochgejubelt. Da hat man ja noch nichts geleistet. Mir haben die Vorschusslorbeeren zwar Schwung gegeben. Aber wirklich nachvollziehbar finde ich dieses Brimborium nicht. In meiner ersten Stelle als Urlaubsvertretung musste ich sieben Pfarreien sieben Wochen lang betreuen. So viele Ansprachen auf einmal vorbereiten, Menschen besuchen und trösten, im

Krankenhaus präsent sein ..., da ging es rund. Heute ist das für viele Standard; es gibt immer mehr Pfarrverbände und der Pfarrer wird zum Manager. Wie das geht, lehrte mich der Pfarrer meiner ersten richtigen Dienststelle in Zwiesel. Dort war ich als Kaplan zusammen mit anderen Kaplänen unter dem Pfarrer tätig. In den ersten Jahren nach der Priesterweihe ist man noch einem Pfarrer unterstellt und hat noch keine Alleinverantwortung für eine Pfarrei. Ein anderer Begriff für Kaplan ist Pfarrvikar. Vom Chef der Glaswerke Schott, die damals 1500 Mitarbeiter hatten, übernahm der Pfarrer der Pfarrei Zwiesel das in der Diözese berühmt gewordene Organigramm. Der Stadtpfarrer war Personal- und überhaupt Chef. Wir Kapläne leiteten Bereiche wie Liturgie, Verkündigung und ich bekam den Bereich soziale Dienste. Darunter fielen die Jugendarbeit, das Krankenhaus, die Caritas und vieles mehr. Dafür gab es jeweils weitere Gremien mit Sitzungen, Verantwortlichen – eben richtig so wie in der Wirtschaft. In der wöchentlichen Dienstkonferenz wurden Planziele beschlossen, Fehler besprochen, Strategien ausgearbeitet und Prozesse analysiert. Oft eskalierte es, weil Schuldzuweisungen oder Überforderungen unerträglich wurden.

Die Predigtvorbereitung war ein verordneter Saunatermin bei ihm: Im ersten Gang wurde kurz Aktuelles besprochen. In der folgenden Pause der Mitschnitt der letzten Ansprache gehört. Im zweiten Gang besprach man den damit erzeugten ersten Eindruck. Die folgende Pause galt der Rede, wie sie schriftlich vorlag. Im dritten Gang wurde heftig diskutiert, wie es denn besser gegangen wäre. Dann folgten Überlegungen für den nächsten Sonntag. Und der letzte Aufguss wurde mit Alkohol angereichert.

Ich konnte die Abende in dieser Männerrunde nicht ertragen und bin oft lieber, auch bei Eis und Schnee, allein auf den nahe gelegenen Berg Arber hinaufgelaufen. Ich wollte diesem harten Zepter entkommen. Die Bergwacht war mein Ventil. Dort fand ich echte Kameradschaft und konnte mir eine Hausmacht vor Ort aufbauen, denn so fortschrittlich dieser Pfarrorganisator im Bereich der Arbeitsstruktur dachte, so wenig beliebt war er. Wieder beweist sich: Um ein guter Pfarrer zu sein, muss man kein guter Theologe sein, kein guter Manager, viel wichtiger ist es, die Menschen zu mögen und ein Gespür für das zu haben, was sie wirklich brauchen. Und es zeigt sich, dass die Chance der Kirche nicht die großen Strukturen sind, sondern die konkrete Basisnähe, das Kleinteilige. Jesus hat eben keinen Weltkonzern gegründet, sondern überschaubare Gruppen zusammengeführt.

Sollen Pfarrer Seelsorger, Organisatoren, spirituelle Mönche, Motivatoren, Messeleser oder was auch immer sein? Erst wenn hier Klarheit herrscht, kann man die Qualifikationen bestimmen. Als ich später im Kloster Andechs mithalf, die Klosterregel des heiligen Benedikts für Führungskräfte zu erschließen, hörte ich von der Aufgabe des Abtes, jeden Mönch nach seinen Fähigkeiten einzusetzen und sehr individuell mit jedem zu verfahren, damit allen am meisten gedient ist. So sieht das Ideal aus. In der Realität ist es leider meist anders.

Mein Studienfreund und damaliger Kaplanskollege war jedenfalls mit der Situation in Zwiesel restlos bedient. Er fand Zuflucht bei einer studierenden Jugendgruppenleiterin, deren Eltern auch kirchlich hoch engagiert waren. Als er heiratete, wurde großes Schweigen verhängt. Sang- und klanglos wurde er verabschiedet, bekam finanzielle Hilfe zu einer weiteren Ausbildung und zog weg. Unter den Teppich kehren ist schon immer die Methode Nummer eins in Kirchenkreisen gewesen.

Auch ich hatte damals schon manche Liebelei. Aber ich machte stets klar: Ich will niemals Kinder und keinesfalls als katholischer Pfarrer aufhören. Solange es bei so harmlosen Dingen blieb, nahm niemand Anstoß. So läuft es immer: wegschauen, aussitzen, ausschweigen, tabuisieren. Solange nichts passiert – und mit passieren sind Kinder oder öffentlicher Aufschrei gemeint –, darf alles sein. Überall sind sie zu finden, diese Pfarrer mit heimlichen Freundinnen oder offenen Partnerschaften, weil es ja auch einfach natürlich ist. Und was ist der Unterschied zwischen einer Pfarrhaushälterin, mit der man innig vertraut ist, und einer richtigen Freundin oder Frau, bei der auch eine sexuelle Begegnung dazugehört? Ist der Sexualakt sündhafter als eine innige Vertrautheit? Weil ich dies in so vielen Fällen mitbekommen habe, machte mir das Thema keine Sorgen. Wenn ich auch mal eine feste Lebenspartnerin hätte, dann würde das problemlos innerhalb der Kirche gehen. Als richtig schlimm oder gar als Sünde würde das kaum noch jemand sehen. Aber so weit war es ja bei mir sowieso nicht.

Der Pfarrer in Zwiesel wollte genau mich als Kaplan und einen anderen, meinen Kollegen, von dem schon die Rede war, der dann nach drei Jahren in den Stand der Ehe trat und aufhörte. Der Pfarrer war als extremes Alphatier berüchtigt, der seine Neulinge drillte, was er auch tat – im Guten wie im Schlechten. Heute denke ich, unser dauernder Kollisionskurs beruhte auf viel Eifersucht oder auf einer Art Vater-Sohn-Konflikt, bei dem ich dauernd stichelte, bis es krachte. Auch Pfarrer sind Menschen und Männer, selbst wenn sie sich entgegen Jesu Auftrag Hochwürden, geistliche Räte oder sonst etwas nennen lassen, um ihre Mitbrüder zu übertrumpfen.

Lehrjahre sind keine Herrenjahre, das gilt für junge Priester, die als Kapläne einem Pfarrer unterstehen, genauso. Für Pfarreien sind sie meist eine willkommene Abwechslung, weil sie nie lang bleiben und als Neulinge noch voller Ideen sind. Das war ich auch. Über den Sport, das Krankenhaus, die Schule konnte ich Leute für die Kirche interessieren, die diese eigentlich schon abgeschrieben hatten. Aber war das nicht genau der Punkt, den ich vor der Weihe mit meinem Freund besprochen hatte? Instrumentalisierte nicht die Kirche solche Theologen, die ihr eigentlich nicht in die amtliche Selbstdefinition passen, um damit doch noch Leute bei der Stange zu halten, die sie vielleicht auch wegen ihrer Kirchensteuerbeiträge nicht ganz verlieren möchte? Diesen Vorwurf mache ich mir heute. Meine Gottesdienste waren oft neben den Normen der Kirche, weil sie so die Menschen wenigstens wieder in die Nähe derselben holten. Dies zeigt im Prinzip vor allem, wie wichtig mir die Kirche war, weil ich alles Mögliche tat, um sie für Menschen attraktiv zu machen. Trotz sechs Jahren Studium und Ausbildung wollte ich zu diesem Zeitpunkt noch nicht einsehen, dass die Kirche in ihrer amtlichen, dogmatischen Selbstsicht nicht viel gibt auf das, was ihre Gläubigen sich wünschen würden. Sie ist der Leib Christi, das Haupt sind der Papst und die Bischöfe, die allein wissen, was Sache ist, das Volk empfängt von ihnen die Heilsgaben und bildet durch die Teilhabe an der Heiligen Kommunion den eigentlichen Leib, so haben sie Anteil an der ewigen Herrlichkeit. Die Nöte des Hier und Jetzt kommen da erst Meilen später und dahinter.

So waren die ersten Jahre erst ein richtiges Verstehen dessen, was in den Dogmatikprüfungen abstrakt wiedergegeben worden war. Als Student lebte ich in dieser glücklichen Wolke, in der konkreten Praxis wurde deutlich, was damit eigentlich gemeint ist. Das ist der Praxisschock – die Ernüchterung, die im Tun begreift, was in der Theorie so locker dahergesagt wurde. Die evangelische Kirche versteht sich da anders. Sie ist die Versammlung der Gläubigen. Sie bildet Kirche nicht erst dadurch, dass diese von einem Heiligen Diener den Leib Christi empfangen. Der Glaube allein macht sie zu Kindern Gottes. Und es gibt keinen Heiligen Vater darüber. Ihre Funktionäre legitimieren sich durch das Volk.

Doch trotz all dieser Umdenkprozesse machte mir mein Beruf in den Jahren als Kaplan immer noch Freude, so sehr, dass ich glaubte, ihn besser ohne die Direktiven eines Chefs ausüben zu können. Ich bewarb mich auf neue Stellen.

Die erste eigene Gemeinde

Mehrmals war ich in Zwiesel schon so weit, alles hinzuschmei-
ßen. Nicht wegen einer Frau, sondern aus Frust fühlte ich mich
fehl am Platz. Dafür war ich nicht angetreten, hier wurde keine
Welt gerettet, sondern der Untergang verwaltet mit einem per-
fekten Masterplan der ständigen Selbsttäuschung. Der Schuldienst erschien mir als Alternative, diese jungen Menschen
konnte man wenigstens zum Teil begeistern. Früher hatte die
Diözese dringend Priester gesucht, die sich diesem kritischen
Völkchen stellen wollten. Zu meiner Zeit war man da schon
zurückhaltender. Wer über diesen Weg als Beamter dem Staat
überlassen wurde, war meist nicht mehr durch kirchliche An-
ordnungen zu domestizieren. Es gab nur die Kombination:
Man blieb als Pfarrer im Dienst der Kirche und diese verlieh
einen weiter an eine Schule.

Als Bergfreund und weil in Burghausen ein tolles geistliches
Zentrum war, peilte ich die zu diesem Zeitpunkt freie Stelle
an einer Schule in Burghausen an, doch ich erfuhr, dass ich
diese Stelle nicht bekäme – sie blieb aus unerfindlichen Gründen unbesetzt. Schon viel länger vakant waren das Gymnasium Waldkirchen und eine kleine Dorfpfarrei daneben. Sie
hieß Hintereben, obgleich sie herrlich im verschlafenen Baye-

rischen Wald lag. Ich war zunächst skeptisch. Mit einem Studienfreund fuhr ich inkognito auf dem Motorrad hin, kaufte im kleinen Tante-Emma-Laden ein und horchte mich dabei um. Im Dorfwirtshaus sammelten wir weitere Eindrücke. Wir wanderten und schlichen um die Kirche. Da war schon viel zu tun, aber vielleicht auch viel möglich, dachten wir uns. Und zuletzt läuteten wir am Pfarrhof. Der bald achtzigjährige Pfarrer sah uns verwundert an. Ich rückte heraus mit der Sprache: Ich wollte wissen, wie es hier ist, Pfarrer zu sein. Er hatte jetzt dreißig Jahre im fast hundert Jahre alten Pfarrhof gewohnt und so sah es aus. Aber die herumliegenden Bücher verrieten, dass er modern eingestellt war. Als wir gingen, wussten wir, dass, wo lange nichts geschehen ist, viel Gestaltungsspielraum war, dass, wo dreißig Jahre so ein kluger Mann leben konnte, sich auch für mich eine Nische finden würde. Und vielleicht war es nicht schlecht, so einen rüstigen Rentner in der Nähe zu wissen, sollte man mal eine Vertretung brauchen.

Ich bewarb mich und erhielt den Zuschlag. Mitten in eine kämpferische Teamsitzung hinein platzte die Sekretärin: Der Generalvikar brauche mich dringend. Ab da war mir alles egal, ich wusste, ich bin gerettet.

Danach erfuhr ich, dass der Generalvikar sich in einer gewissen Zwickmühle befand. Er hatte meinem Vorgänger in Hintereben versprochen, auf Lebenszeit im Pfarrhof bleiben zu dürfen. Wohin also mit mir? Mir war auch das egal, lieber erst einmal zu Testzwecken in irgendein »Zwischenlager«. Ich landete in einem halbfertigen Austragshaus eines Bauern drei Kilometer außerhalb. Zum Duschen musste ich in den Bauernhof – zuvor ging ich morgens in den Stall und schöpfte frische Milch aus dem Tank. So wurde ich damals, noch nicht mal dreißig Jahre alt, quasi von den Bauern adoptiert. Überhaupt schlug mir großes Wohlwollen entgegen. Empfangen wurde ich wie ein König mit einem riesigen Fest – größer noch als damals bei meiner »Nachprimiz« in Kirchdorf. Im Gepäck hatte ich das sogenannte Organigramm, mit dem der Pfarrer von Zwiesel systematisch das Leben und Schaffen in der Pfarrei strukturierte. Hier kam es mir sehr zugute, als ich sichtete, was es gab und was noch nicht. Man staunte über mein organisiertes, zielsicheres Vorgehen. Es rief bei den Ehrenamtlichen Begeisterung hervor. Sie wollten viel Neues anpacken, fanden aber in ihrem alten Pfarrer keine Unterstützung. Dabei waren es keine versponnenen Ideen, die ihnen vorschwebten. Das Leben war sehr geerdet, sehr herzlich und gemütlich. Und ehrlich gesagt: So skeptisch ich erst gegen eine Verbürgerlichung war, das hier war so warm, so freundlich und doch so lechzend nach Neuem, dass ich mich diesem Charme nicht entziehen konnte. Fuhr ich anfangs noch häufig einen Tag zum Bergwachtdienst nach Zwiesel und zu den dortigen Freunden, wurde es nach und nach immer weniger.

In Hintereben gibt es riesige Clans – damals hat man nicht so weit weg geheiratet und daher waren viele verwandt und verschwägert. Ein »Clanchef« fragte mich nach einigen Wochen, ob wir die Abendmesse vorziehen könnten, da es einen Geburtstag zu feiern gelte und sonst die Abendmesse fast leer bliebe. Ich sagte: »Da muss ich erst den Chef fragen.« »Nein«, sagte er, »der Chef bist jetzt du!« Diesen Satz vergesse ich nicht mehr. Zum Glück musste ich höchst selten den Chef herauskehren. Es war ein stetes Miteinander. Ich war präsent, zu Fuß unterwegs, bei den Leuten zu Hause, nur eines wollte ich nicht: bei einem Verein Mitglied werden. Vielleicht war es ein Kindheitstrauma, wenn ich mich an die Vereinsmeierei meines Vaters erinnerte. Vielleicht war es auch ein letztes Stück Distanz, denn nur wenn man nicht ganz in der Gemeinde aufgeht, kann man ihr auch als ein Stück Korrektiv gegenüberstehen.

Man nahm es mir nicht übel, da ich ihnen ja grundsätzlich gewogen war. Soweit ich noch Zeit hatte, außerhalb der Pfarrei Menschen zu treffen, schwärmte ich ihnen vor, welche lieben Leute ich da gefunden hätte. Wie auf einer Insel der Seligen fasste ich dort Fuß und konnte so agieren, als gäbe es die große Kirche überhaupt nicht. Ich half dem Frauenbund, sich vom Gängelband der Diözese zu lösen, und trotzdem unterstützte die Diözese finanziell meine Aufbauarbeit. Renoviert wurde, was ging: die Kirche außen und innen, der Turm, der Vorplatz, der Friedhof, das Pfarrheim und schließlich auch der Pfarrhof. Immer war ich selbst dabei: stemmen, schleppen, bauen. Die Gottesdienste waren voll, die Leute spendeten und halfen mit, die Nachbarpfarreien wurden neidisch. Meine Austragswohnung war nur wenig genutzt, ich war zu Gast bei den Leuten. Wie heißt es im Volksmund so schön: »Was haben Pfarrer und Salzsäure gemeinsam? Beides frisst sich überall durch!«

Der Grund dafür war aber nicht meine Sparsamkeit. Ich fühlte mich zu Hause allein. Die Wohnung war kalt, auch wenn sie gut beheizt war, denn es fehlte an Herzenswärme. Ich sah die glücklichen Menschen in ihren Familien, erlebte dort auch sicher manche Reiberei zwischen den Generationen oder Partnern, aber im Grunde war es gut – und das ging mir ab. Ich blieb auch bei Familien über Nacht, um nicht bei Schnee und Eis noch heimzufahren. Da fühlte ich mich dann bisweilen wie das fünfte Rad am Wagen.

Junge Menschen auf die Botschaft Jesu aufmerksam zu machen, war mir wichtig, auch sie zu gelebter Solidarität zu motivieren, blieb einer meiner Antriebe. Lehrer wurde ich aber auch, weil ich das Zusammensein, die Gespräche, den Wissensaustausch und überhaupt die Kollegialität mit anderen Lehrern schätzte. Zum Glück gab es in unserem Gymnasium immer viele Junglehrer. Bleiben wollte so recht keiner, alle wollten zurück in die große Stadt oder dorthin, woher sie stammten. In dieser Clique, die so auf dem Sprung war, waren interessante Leute. Es gab spannende Diskussionen. Eine evangelische Kollegin provozierte in mir den Theologen. Endlose Gespräche, wo einer den anderen überzeugen wollte, endeten mit meiner Gewissheit:»Und die katholische Kirche hat doch recht.«So sehr ich die Kollegin schätzte, es hat für mich nie Zweifel gegeben, dass mein Weg, so wie er war, der richtige war.

Das Einzige, was ich hätte aufgeben wollen, war zu dem Zeitpunkt mein Lehrerdasein. Denn es war doch eine ganz schöne Zerreißprobe, die Pfarrei und die Lehrtätigkeit. Doch meine Anfrage, ob ich nicht nur noch Pfarrer sein könne, stieß auf Entsetzen. Es hieß: Priester sei man mit Hingabe das ganze Leben und schließlich sei der Gehorsam eine der wichtigsten Pflichten im Priesterleben. Ich hätte mich beworben und man setze alles Vertrauen in mich, dass ich mich der Stelle, die ich erhalten habe, würdig erweise. Ohne diese strenge Zurückweisung meiner Wünsche hätte ich Birgit nie kennengelernt, denn sie kam erst im Schuljahr darauf an unsere Schule, wie alle jungen Kolleginnen auch mit dem Wunsch, schnell wieder zu gehen.

Priester müssen mit ganzer Hingabe und Gehorsam gegenüber dem Bischof ihren Gemeinden dienen, zumal es immer mehr Gemeinden gibt, die aus Priestermangel mit anderen fusionieren und sich den Pfarrer teilen müssen. Da ich bisweilen mitbekam, wo es in Familien hapert, und diese Familien oder Paare an die entsprechenden Eheberater weitervermittelte, wurde man dort auf mich aufmerksam. In der Diözese Passau (so auch andernorts) bietet die Kirche weitgehend kostenfrei Beratungsdienste für Menschen in Krisen an. Da ihr die Scheidung ein Dorn im Auge ist, liegt ein großes Gewicht auf der

Ehe- und Familienberatung. In größeren Städten gibt es ein Büro der Kirche, wo sie Berater bereithält. Damit diese nicht zu schnell zur Scheidung raten, sind auch einige Priester mit entsprechender Zusatzausbildung in diesem Team – meist in der Leitung. Und so eine Stelle hätte ich gern gehabt. Die Leiterin kannte mich und wusste, dass ich in Pastoralpsychologie schon einige Erfahrung hatte. Ihre Not bestand darin, dass in den Ausbildungsgängen zu den Beraterberufen überwiegend Frauen waren, was die Gruppendynamik beeinflusste. Sie wusste auch, dass ich seit jeher kein großes Interesse an Urlaub hatte, dafür sehr an Weiterbildung. So kam es, dass ich als Quotenmann an vielen Kursen teilnehmen konnte, jedoch ohne je ein Zertifikat zu sehen. Aber ich merkte auch, wie kostbar es ist, eine intakte lebendige Familie zu haben. Und ich lernte, dass meine Skepsis gegenüber einer eigenen Familie viel zu tun hatte mit den Erfahrungen, die ich diesbezüglich als Kind und Jugendlicher machte.

Einbringen durfte ich meine neuen Erkenntnisse aber beruflich nicht, also nicht in Form eines offiziellen Ehe- und Familienberaters. Ich musste bleiben, gehorsam verteilt auf beide Posten: den herzlichen und quirligen Gemeindedienst und die Aufgabe, in der Schule als Seelsorger und Religionslehrer zu wirken. Dieser Dienst galt den Schülern und den Kolleginnen und Kollegen, zu denen ab dem Jahr 1994 auch Birgit gehörte. Eine spannende Aufgabe.

Unsere Liebesgeschichte

Das 1200-Seelen-Dorf Hintereben war meine Heimat geworden. Wie ein Vater kümmerte ich mich darum, dass bei der Kirche und dem Pfarrheim alles passte, alles Nötige repariert wurde, es offen stand für alle. Wie eine Mutter hörte ich geduldig zu, wenn irgendwo der Schuh drückte, spendete Trost und ermutigte. Wie ein Bruder stand ich treu an der Seite der Gemeindemitglieder, wenn es nötig war, und rieb mich mit ihnen, wenn sie jemanden brauchten, der ihnen ehrlich die Meinung sagte. Und um mich herum sollte ich nur Schwestern haben, die nett an meiner Seite arbeiteten, aber keine Partnerinnen oder Freundinnen sein durften. Doch ich empfand mein Nachtlager immer leerer, war immer mehr unterwegs und lief vor mir selbst davon.

Die Zeit und die Arbeit in Hintereben hatten mich verändert. Aus dem Weltverbesserer christlicher Prägung wurde ein Pfarrer, der erkannte, dass die große Welt sich dort verändert, wo jeder genau da anpackt, wo er gerade ist. Dass einen die großen Parolen und Idole einer gerechteren Welt nicht davon abhalten dürfen, Schritt für Schritt bei sich und seinem Umfeld zu beginnen, die Welt ein wenig lebenswerter zu machen. Ich hatte nicht mehr das Gefühl, ich müsse die ganze Welt verbessern. Als Student und Seminarzögling interessierten mich besonders die sozialen Dienste am Menschen und in der Politik. Ich wollte auch das Leid in der Dritten Welt verringern und habe mich in der Entwicklungshilfe engagiert. Nun wurde mir klar, dass ich auch hier in meiner Heimat zu einem sinnvollen Dienst als Pfarrer herausgefordert war.

Wenn ich, ihr Pfarrer, kein Fleisch aß oder auf Bio achtete, machte es die Leute nachdenklich. Ich veränderte ihre Welt durch viele kleine Dinge. Und sie veränderten auch die meine Schritt für Schritt: bürgerlich zu sein, sesshaft zu sein war gar nicht schlecht ... An dem Ländlich-Geborgenen, an dem Familiären fand ich nun Gefallen. Dabei fiel mir immer mehr auf, wie sehr mir selbst familiäre Geborgenheit fehlte. Je mehr mich dieses Leben hier aufsaugte, desto mehr verspürte ich, was mir eigentlich innerlich abging. In mir war eine innere Leere vorhanden. Und so stellte ich fest, dass sich meine jugendliche Überzeugung, ich bräuchte kein normales Leben mit Frau und Familie, doch gewandelt hatte. Als Pfarrer wird man durch die Menschen seiner Gemeinde überaus in Beschlag genommen, nimmt sich ihrer und ihrer Probleme mit Eifer an, wenn es einem ernst mit dieser Aufgabe ist. Das zehrt an einem und es ist nicht einfach, nach einem solchen Tag nach Hause zu kommen und dort alleine zu sein. Andere tauschen sich abends mit ihrem Partner aus, sprechen über das am Tag Erlebte: das fehlte.

Bei Taufen dachte ich damals noch, ich würde niemals selbst ein Kind in diese Welt setzen wollen, es gibt schließlich genug Kinder, die die Liebe und Hilfe anderer brauchen. Doch ich merkte, wie glücklich diese frischgebackenen Eltern mit ihrem Kind waren, so sehr dieses Kind auch ihre bisherige Welt auf den Kopf stellte. Ich war der beliebteste Trauungspriester unserer Gegend. Mit humorvollen Ansprachen und herzlichen

Gottesdiensten gab ich dem Liebesglück junger Paare einen offiziellen Startschuss, wusste aber selbst nicht, wie sich das konkret anfühlte. Einem Menschen zu sagen: »Ich liebe dich, mit dir will ich die Zukunft gemeinsam gestalten« und ähnliche Aussagen waren für mich nur Floskeln. Und doch merkte ich immer mehr: Was über so viele Jahre die Menschheit voranbringt, könnte auch für meine Lebensflucht eine Antwort bieten.

Es gibt sicher viele Möglichkeiten, wie man den Partner fürs Leben findet. Ich denke jedoch, dass dann, wenn die innere Bereitschaft für eine Partnerschaft da ist, sich über kurz oder lang eine solche einstellen wird. Dass es genau den Partner gibt, der exakt für mich bestimmt ist, deute ich eher als nachträgliche Vergewisserung: Du passt super zu mir. Sonst würde es den anderen ziemlich überfordern, wenn wir von dem, der uns irgendwann besonders anspricht, erwarteten, er oder sie sei in allem die perfekte Ergänzung unseres Lebens. Jeder bringt aus seiner Kindheit und Jugend Eigenschaften, Gewohnheiten, Prägungen mit, mit denen man sich entweder arrangieren kann oder man lässt es eben sein.

Heute gehen wahrscheinlich mehr Menschen aktiv auf Suche und nutzen unter anderem die Möglichkeiten des Internets, um den Richtigen oder die Richtige zu suchen. Aktiv auf Suche bin ich damals nicht gegangen, habe es aber genossen, dass ich immer wieder für andere ein gern gesehenes Gegenüber war, gerade im Kreis der jungen Lehrerkolleginnen. 1994 kam dann Birgit an das Gymnasium Waldkirchen. Sie war Erdkunde- und Englischlehrerin. Auch sie wollte nach einer Verbeamtung wie viele andere nur schnell wieder weg von hier – Waldkirchen liegt ja quasi am Ende der Welt. Birgit war aus Coburg und hatte in Erlangen studiert. Am liebsten wollte sie irgendwann wieder Richtung Franken.

Sie stieß zu unserer Clique aus jungen Lehrern dazu. Nachmittägliche Treffen führten Birgit und mich immer öfter zusammen: Spaziergänge, da wir beide die Natur liebten; später, im Verlauf des Winters, tranken wir oft gemeinsam Tee. Nie reden Männer mehr als dann, wenn sie, ohne es zu wissen, von einer Frau fasziniert sind. So erging es mir. Und sie war von mir ebenfalls fasziniert. Und irgendwann war es um uns geschehen.

Irgendwann war kurz vor Weihnachten. Ich hatte für die Schule ein Lichterrorate vor den Weihnachtsferien gestaltet. Roraten sind Gottesdienste im Advent, bei denen die Kirche nur mit Kerzen erleuchtet wird. An diesem Gottesdienst nahm auch Birgit teil. Über die Ferien würde sie ihre Eltern besuchen und über Silvester würde es für sie nach London gehen. Für mich waren die Festtage sowieso voller Termine. Nach dem Gottesdienst kam Birgit noch zu mir und wir wollten mit etwas Glühwein dieses Jahr – ihre ersten Monate in Waldkirchen – beenden. Und dabei fing für uns eine ganz neue Zeit an. Doch zunächst hatte jeder erst einmal vierzehn Tage Zeit für sich, um zu klären, was denn das nun war. Das Neujahr wurde mit Spannung erwartet, wie alles Neue, was dann kommen würde …

Es ging also ziemlich schnell mit uns. Und was in einer guten Freundschaft begann, was zuerst erfüllender Gleichklang zweier ähnlich denkender und empfindender Menschen war, wuchs schließlich immer mehr zusammen. Birgit war evangelisch, aber natürlich war ihr klar, was der Zölibat bedeutet. Ich hatte, was den Zölibat angeht, keine Gewissensbisse. Vor Gott konnte ich das verantworten. Der Zölibat ist ja nichts, was Gott oder die Bibel vorgibt, sondern ein Element des Kirchenrechts, das 1139 eingeführt wurde. Und da es in der katholischen Kirche tatsächlich so weitverbreitet war und ist, dass Pfarrer eine

Partnerin haben, sah ich unsere Beziehung auch in der praktischen Handhabung überhaupt nicht als problematisch an.

Mir war klar, dass es dann problematisch werden würde, wenn Kinder aus einer solchen Beziehung entstünden. Doch da ich zu diesem Zeitpunkt Kinder für mich absolut ausgeschlossen hatte, war dieser Punkt ja zu vernachlässigen. Ich bin geprägt von meinen Erfahrungen in der Kindheit: Meine Mutter war oft krank und ich hatte als Kind stets die Sorge, dass sie sterben könnte. Das wollte ich selbst keinem Kind zumuten. Außerdem vertrat ich die damals in vielen Kreisen vorherrschende Haltung: In diese Welt setzen wir keine Kinder.

Aber wie viele frisch verliebte Paare redeten wir weniger über die Hürden und mehr über die Brücken, die sich vom einen zum anderen schlagen ließen. Davon gab es viele. Werte wie Gerechtigkeit, Fairness, Umweltschutz, pädagogische Vorstellungen, aber auch das, was man gewöhnlich unter »Glaube« versteht, unser Gottesbild und die Art und Weise, wie wir im Alltag Kraft schöpfen, was man auch Spiritualität nennen kann: In all dem hatten wir sehr ähnliche Ansichten. Dann kamen auch unsere Zukunfts- und Lebensvorstellungen ins Gespräch. Ich machte keinen Hehl daraus, dass ich keine Ehe und keine Kinder wollte, dass ich definitiv Pfarrer bleiben wollte. Auch wenn es ihr schwerfiel, kamen wir überein. Wir wollten es miteinander versuchen.

Bei der Übernahme meiner Pfarrei hatte ich damals auf den Pfarrhof verzichtet, denn dort wohnte ja noch der 80 Jahre alte Pfarrer. Ich zog lieber in das schnuckelige Bauerndorf Vordereben als 42. Einwohner. Dort wohnte ich bei einem Bauern und seiner Frau, mit denen ich auch meist gemeinsam aß. Jeder kannte jeden, und jeder Schritt, den einer tat, war zugleich allen bekannt – so ist's auf dem Land. Als Birgit in Waldkirchen keine passende Wohnung fand, zog sie zu mir, also mit zu dem Bauernehepaar, bei dem ich wohnte. Wir verhielten uns zunächst eher zurückhaltend, aber von der alten Bäuerin kam schnell der Spruch:»Nimm s' doch mit zum Frühstückn zu uns runter!« Die Neugier war doch zu groß bei ihr, Toleranz und Offenherzigkeit nicht weniger. Unsere Beziehung war schnell allen klar. Außerdem kann man in einem Minidorf mit 42 Einwohnern nichts und niemanden verstecken, schon der Versuch wäre lächerlich. Und da, was die alte Bäuerin wusste, bald alle wussten, machten wir in der Pfarrei nie ein Geheimnis aus unserer Liaison. Immer öfter hörte ich bei meinen Hausbesuchen:»Kannst sie schon mitbringen!« Birgit war zwar zögerlich, weil sie der Mundart nicht so mächtig war, merkte aber zunehmend, dass die Leute die Gunst und das Wohlwollen, die sie mir bisher entgegenbrachten, ihr in gleicher Weise schenkten.

Quasi als Kindersatz gab es einen Hund, der auch mir über die Jahre fest ans Herz gewachsen ist. Und ich holte ihr Pferd von Coburg hierher, lieh mir dazu einen Pferdehänger und einen Jeep aus, spielte Pferdeflüsterer und dann war sie bei uns, ihre Stute. Erst gewährten wir ihr als Freund und Kumpan ein Shetlandpony, dann sollte sie das Glück erhalten, Mutter zu werden. Sie bekam eine Woche Sonderurlaub bei einem Deckhengst und gebar ein prächtiges Fohlen. Da Birgit Heu für die Pferde brauchte, half sie den Bauern im Gegenzug bei verschiedenen Tätigkeiten. Wir waren gern gesehen, bei unseren morgendlichen Spaziergängen mit dem Hund, beim Einkaufen im Dorfladen und immer mehr bei Hochzeitsbällen. Dort tanzten wir stundenlang.

Inzwischen wurde der alte Pfarrer so kränklich, dass er schweren Herzens in ein Altenheim wechselte. Den freien Pfarrhof nun für uns zwei zu renovieren, würde die Gemeinde viel Geld kosten. Das machte mir ein schlechtes Gewissen, nicht die Tatsache, dass ich eine Freundin hatte. Der Domkapitular, der das Diözesanbauwesen leitete, sah uns beiden tief in die Augen und fragte: »Wollt ihr wirklich in diesem Dorf bleiben? Rentiert sich die Investition denn?« Von mir bekam er ein klares Ja, auch Birgit nickte und die Kirchenverwaltung war froh, weil sie nun wusste, dass ich nicht auf Karriere aus war, sondern der Gemeinde treu bleiben würde. Diese Treue machte Birgit nicht eifersüchtig, auch wenn der saure Apfel – die Frage nach einem Kind – immer wieder mal bitter aufstieß.

Wir renovierten also, das heißt wir bestimmten nicht nur mit, sondern legten auch selbst Hand an, damit die Last für die Gemeinde möglichst gering blieb. Zur Bauabnahme kam er wieder, der hohe Herr der Diözese. Alle Steckdosen funktionierten, auch die in meinem Schlafzimmer links und rechts neben dem Zweimeterbett. Letzteres war ihm egal und keiner Silbe wert. Der Pfarrgemeinderat und die Kirchenverwaltung feierten die Einweihung und pflanzten einen Baum mit der spitzen, aber gut gemeinten Bemerkung: ein Mann müsse ein Haus bauen und einen Baum pflanzen und noch allerhand. Problemlos wurde der Vertrag zur Untermiete an Birgit, bezogen auf die zum Pfarrhof gehörende Einliegerwohnung, von den Verantwortlichen unterschrieben und zum Bischof gesandt. Alles war in bester Ordnung. Morgens öffneten wir die Schlafzimmerfenster und grüßten freundlich den Bauern gegenüber, der den Tieren das Futter bereitete. Es kamen Freunde zu Besuch und Familienangehörige übernachteten in der offiziellen Einliegerwohnung Birgits.

Da meine Liebe beiden konkurrenzlos galt, Birgit und meiner Pfarrei, war es nicht immer leicht für uns. Ernste Momente, die jede wachsende Beziehung kennt, standen bei uns unter einem weiteren Spannungsfeld. Aber diese Proben bestanden wir. Die Gedanken, ob wir eine solche Beziehung auf Dauer wollten, wurden immer weniger. An manchen Tagen kam die Sekretärin, an anderen unsere Haushaltshilfe, und man fand es wunderbar, dass der Pfarrhof nicht verschlossen war, während ich mich bei den Gemeindemitgliedern aufhielt, sondern dass Birgit stets freundlich öffnete, mir Nachrichten weiterleitete und einfach als gute Fee neben ihrer Arbeit und ihren Pferden den Pfarrhof rundherum wohnlich und ansehnlich gestaltete. Beim Jagdessen wurde ich feierlich begrüßt unter der Beifügung, dass es alle besonders freue, dass ich meine Freundin auch mitgenommen hätte. So standen wir mit allen in freundschaftlicher Beziehung. Bei manchen Geburtstagseinladungen, bei denen ich offiziell gratulieren sollte, drängte man mich, Birgit unbedingt auch mitzubringen, denn sie war einfach voll integriert und ist es heute noch. Selbst an der katholischen Basis eines niederbayerischen Dorfes glaubt keiner mehr an die Sinnhaftigkeit der Zölibatsverpflichtung.

Aus einem sachten Prozess des Verliebens wurde eine feste Partnerschaft, die sich nach außen nicht zur Schau stellte, aber auch nicht auf Heimlichkeit achtete. So kam die Kunde von ihr auch dorthin, wo man uns nicht so wohlgesinnt war. Zuallererst zu meinen Mitbrüdern in den Nachbarpfarreien. Für sie war ich immer schon meiner Ansichten wegen ein rotes Tuch gewesen. Als den »roten Kaplan« beschimpften sie mich und waren doch neidisch, dass ich als junger Pfarrer so viel Zulauf hatte. Die Schäflein der anderen kamen in meine Abende zu religiösem Ausdruckstanz, Meditation oder über die Bibel. Sofort wetterte der andere Pfarrer in der Predigt über den erotischen Katholizismus des Nachbarpfarrers. Ich erhielt eine Art Einreiseverbot, nachdem mich eine Sterbende aus einer Nachbarpfarrei um die Sakramente bat, da sie die Predigten des dortigen Pfarrers über den Teufel nicht vertrug.

Viele andere katholische Pfarrer lebten fröhlich mit ihren

Haushälterinnen, die sie selbstverständlich in den Urlaub und auf ausgiebige Spaziergänge begleiteten. So ist es natürlich auch weiterhin gang und gäbe. Doch wie konnte ich nur so öffentlich eine Freundschaft leben, nicht mal den Schutzmantel des Haushälterinnentitels wählte ich – pfui! Sie lieferten ihre Informationen dem Generalvikar, der mich zu sich rief. Ich sollte erklären, welches Verhältnis ich zu dieser Frau hätte. Ich sagte, ein gutes. Ob sie meine Freundin sei, wurde ich gefragt. Selbstverständlich, denn niemals könnte ich mit einem Feind im Haus wohnen! Ob ich mit ihr schlafe, fragte er. Ja, wir schlafen unter einem Dach. Nein, Sie wissen schon, wie ich es meine, hakte er nach. Ich wusste es nicht. Und schließlich war mit einem:»Ach, lassen wir das!« mein Interview beendet. Zu dem damaligen Zeitpunkt sah ich keine Notwendigkeit, die Dinge zu konkretisieren. Und auch von kirchlicher Seite war man ja froh, alles so belassen zu können, wie es war.

Ein anderer sandte einen Zeitungsausschnitt zum Generalvikar:»Gemeinderat genehmigt Pfarrer einstimmig den Bau eines Einfamilienhauses«.»Was haben Sie vor?«, wurde ich ernst vom Generalvikar begrüßt, als ich nichtsahnend seinen Audienzraum betrat.»Ach so«, sagte ich:»Es gibt im Baurecht kein ›Ein-mann-haus‹, keine Sorge, es ist außerdem schon fast vermietet.« Ich hatte das Haus meiner Großmutter geerbt, verkauft und von dem Geld ein Grundstück in Hintereben gekauft, auf das ich ein Haus bauen ließ. Der Generalvikar war sichtlich beruhigt.

Bei einer Konferenz starrte er auf meine Hand. Am rechten Ringfinger prangte ein Goldring. Er kam auf mich zu:»Was soll das?«»Der Bischof trägt doch auch einen Ring, weil er die Seinen liebt«, gab ich zur Antwort.»So werden Sie nie einer«, schalt er zurück und musste dabei feststellen, dass ich in der Runde nicht der Einzige war, der einen Ring trug.

Was in der eigenen Gemeinde als offenes Geheimnis problemlos akzeptiert war, war nach oben ein seltsames Versteckspiel. Jeder wusste es und zwar nicht nur von mir, sondern auch von etlichen anderen, aber es durfte keinesfalls irgendwie publik werden. Der Schein ist zu wahren, am besten durch die zur Tradition gewordene Pfarrhausfrau/Haushälterin, also das auf diese Weise geregelte Verhältnis zwischen dem Pfarrer und seiner Lebensgefährtin – wofür die Diözese ja auch etwas zahlt! Jeder normale Mensch, der sich den Luxus einer Dienstperson leistet, muss dafür zahlen. Der Pfarrer bekommt dafür aber einen nicht zu kleinen Zuschuss durch die Kirche, so habe ich mir auch gleich am Anfang diesen Luxus leisten können. Unsere Liebe wurde jedoch nicht durch ein offizielles Dienstverhältnis gedeckt, Birgit war lediglich Untermieterin im Pfarrhof.

Dieser war zwar stattlich und groß, aber trotz der Renovierung nicht so gemütlich. Ich hatte das Haus meiner Oma, worin ich viele Jahre zugebracht hatte, geerbt und dann doch verkauft. Meine Mutter hatte noch vorher betont: »Behalt' es als Sicherheit, falls du mal mit der Kirche Probleme kriegst!« Doch ich verkaufte es und baute hier, in Hintereben, für mein Alter ein Stück Sicherheit. Viele Menschen kamen und halfen mir, einfach so: Schüler, Brautpaare, die ich getraut hatte, Freunde … Zusammen schufen wir ein Haus mit viel Glas. Ich wollte Transparenz. Es fanden sich sofort Mieter, die jedoch schnell ein Kind erwarteten und wieder auszogen. Jetzt hielten wir uns also öfter in unserem Haus auf, was natürlich alle merkten. Die Pfarrei deutete an, wenn ich aus dem Pfarrhof auszöge, könnte er anderweitig vermietet werden und Einnahmen generieren. Ich hatte nichts dagegen, zumal Birgit mit den Pferden sowieso gern auf unserem Grundstück war. Die Pfarrei trug ihr Anliegen der Diözese vor, die mir letztlich erlaubte,

mit Birgit dort einzuziehen, und die mich von der Residenz-
pflicht im Pfarrhof offiziell entband.

An meinem Arbeitsethos hatte dies nichts geändert,
schließlich war mein eigenes Haus genau in der Mitte zwischen meiner bisherigen Pfarrei Hintereben und der mir neu
zugeschriebenen Gemeinde Böhmzwiesel, so dass sich keiner
benachteiligt fühlen konnte. Ich hatte wie immer rund um die
Uhr zu tun, da die Pfarrei Hintereben 2002 ihre Hundertjahrfeier hatte, mit tausend Veranstaltungen und der Einweihung
der aus diesem Anlass unter meiner Federführung renovierten
Kirche. Zum Glück kam dazu nicht der neue Bischof der Diözese, sondern der leutselige Altbischof, der mich trotz mancher unterschiedlicher Ansichten gut leiden konnte.

Es war September, Birgit und ich waren gerade nachdenklich aus dem Urlaub zurückgekehrt und wussten bereits etwas,
was der Bischof nicht ahnen konnte.

Dorothea

_____

Ich wusste es.

Nicht, weil Birgit mir gesagt hätte, sie fahre zum Frauen-
arzt, ganz im Gegenteil. Sie war einfach nur weg – »einkaufen« –, unser Urlaub stand vor der Tür. Sie kam nicht wieder.
Eine ganze Zeit nicht. Ein bisschen war ich sauer, mehr noch
hungrig, aber vor allem extrem unruhig. Ich wusste es. Wir
kriegen ein Kind. Anzeichen dafür gab es überhaupt gar keine,
das heißt für mich nicht. Für sie wohl schon, sonst wäre sie ja
nicht zum Arzt gefahren. Was würde nun aus uns? Ich wusste damals noch nicht, dass der stets zu vermeidende Super-
GAU – den ich mir durchaus immer mal wieder ausgemalt
hatte – keine zerstörende Katastrophe, sondern eine Katharsis
bringen würde. Heute weiß ich das, aus heilsamer Erfahrung.

Sie kam schließlich zurück und teilte mir mit, was ich schon
ahnte oder vielmehr »wusste«. Nun waren wir also schwanger.
Wir saßen im Wintergarten – sprachlos. Wir gingen in den
Wald – wortlos. Wir hielten uns umschlungen – vor einem rie-
sigen Abgrund. Andere würden vor Freude springen; wir hat-
ten Angst abzustürzen. Doch auch stillstehen hilft nicht, die
Zeit zurückzudrehen. Also musste es weitergehen – irgendwie.
Außerdem war der Urlaubsflug nach Mallorca ja schon ge-

bucht. Aus meinen Fußballjahren blieb mir die immer passende Weisheit: Schau'n ma mal!

Zum Sightseeing hatte ich auf Mallorca dann keine Lust, Birgit hatte keine auf Essen – ihr war ja schlecht. Da aber Jammern und Trübsinn nie etwas ändern können, sind wir gewandert und haben mit dem satten Grün der Landschaft das zarte Grün der Hoffnung – in der sie war – gründlich nachgestrichen. Wir wussten, wir schaffen es, auch wenn dieses »es« wie der Bauch von Birgit noch keinerlei Kontur und Veränderung erkennen ließ.

Gibt Gott das Häschen, so gibt er auch das Gräschen. Darin bestärkten wir uns und versuchten auszublenden, was war. Und außerdem: Die ersten zwölf Wochen einer Schwangerschaft sind ja sowieso voll von Unsicherheit. Also abwarten und Tee trinken. So schwiegen wir vor uns und vor anderen. Man will ja nicht den Hund in der Pfanne verrückt machen. Trotzdem – die Gedanken kann man nicht zum Schweigen bringen. Das eigene Hirn arbeitet auf Hochtouren, sucht Wege, Aus- und Umwege. Es war natürlich klar, dass diese große Veränderung in unserem Leben das Aus für meinen Traumberuf Priester bedeuten würde. Trotzdem überlegten wir nach einer ersten sprachlosen Zeit, ob und welche Auswege es gäbe. Sinnvolle waren jedoch nicht zu finden, wenn ich weiterhin katholischer Priester bliebe. Oder sollte das Kind mit einem falschen Vater in den offiziellen Dokumenten aufwachsen? Undenkbar. Nein, das Kind gehört zu uns und wir gehören zusammen. Gemeinsam schaffen wir es. Wir entschieden uns, dass ich konvertieren würde. Unser Lösungsansatz war: Ich mach' Hausmann und meine Frau verdient das Geld. »Meine Frau«! – darüber waren wir uns auf jeden Fall im Klaren. Außerdem kann ich Holz hauen, gärtnern und manch anderes mehr – »mann« ist ja auch lernfähig.

Froh war ich, dass meine Familie sich mit mir freute. Es war mein vierzigster Geburtstag. Der Pfarrsaal war am Nachmittag gut gefüllt, die Gäste auch schon ein wenig angeheitert. Ein befreundeter Landwirt stimmte an: »Hoch soll er leben – hoch soll er leben, drei Mal hoch.« Andere setzten eins drauf: »Kinder soll er kriegen, Kinder soll er kriegen, drei mal neun.« Alles bog sich vor Lachen. Die wussten ja von nichts. Nach der Abendmesse feierte ich mit meiner Familie daheim weiter. Eine Gesprächspause nach dem Essen nutzte ich: »Übrigens wollten wir euch ein Geburtstagsgeschenk machen – wir werden Eltern.« Stille folgte: still, stiller, am stillsten, bis meine Schwägerin losprustete: »Super, das ist doch toll, gratuliere!« Mein Vater war erst skeptisch, er wog ab, ob ich die Last der Zukunft würde stemmen können. Dann aber siegte doch sein Familienstolz: »Dann stirbt wenigstens die Aschenbrenner-Sippe nicht aus!« Das Eis war gebrochen.

Nach dem Urlaub ging die Schule wieder los – keiner sollte zunächst etwas merken und wir mussten funktionieren, wie immer. Ihrem Chef, dem Schulleiter, musste Birgit es sagen. Ich vertraute mich einem Freund, dem evangelischen Kollegen, an. Der sagte: Super, dann komm doch zu uns! Ich: Geht das denn? Er: Warum denn nicht? Kommt doch öfter vor! Ich: Und wie? Er: Dich kennt man und ich stell dich unserm Bischof vor. Ich: Ausgemacht!

Flugs war ein Termin vereinbart. Ich fuhr nach Regensburg. Alle dort waren sehr freundlich, nicht so muffig und arrogant wie in katholischen Oberamtsstuben. Und das Gespräch erst! Als würden wir uns schon lange kennen. Die Lehre des evangelischen Theologen (und Widerstandskämpfers gegen die Nationalsozialisten) Dietrich Bonhoeffer kannte ich gut, ebenso natürlich auch andere evangelische Theologen. Und wir redeten und lachten, so als hätte mein evangelischer Freund und

»Mitbruder« die Freundschaft an den Bischof weitergereicht. Doch am Schluss meinte der freundliche Bischof: »Wissen Sie, der katholische Bischof wird Sie nicht gehen lassen. Der hat sicher ein besseres Angebot als wir. Reden Sie doch erst mal mit ihm.«

Ich musste in die Höhle des Löwen und es sagen. Beinahe hätte ich »beichten« geschrieben. Aber »beichten« muss man doch nur eine Sünde. Und kann denn Liebe Sünde sein? Niemals. Liebe gesteht man bestenfalls. Und dafür war nun die Zeit gekommen. Ich war schon am Telefon schweißgebadet. »Was ist Ihr Anliegen und wie dringend ist es?«, war die Frage. Ich sollte mein Ansinnen erst mit dem Generalvikar klären. Also dort angerufen. Man kannte mich dort und war freundlicher. Trotzdem Stau auf der Terminliste. Eine Woche warten. Ein grummeliges Gefühl wie beim Warten auf eine medizinische Diagnose. Daheim musste erst einmal alles laufen wie gewohnt. In mir gärten dennoch die Fragen: Wann geht's denn endlich weiter? Woran bin ich?

Ich betrat die heiligen Hallen. Prunk paarte sich hier mit kühler Distanz. Ich musste warten. Vor meinem Stühlchen prangte das Bistumsblatt. Ich schaute lieber den Novembernebeln zu, die die hohen Residenzfenster umwaberten. Mir wurde Einlass gewährt. Wir kannten uns und ich war ja bereits zwei Mal bei ihm angetreten, einmal wegen der Frage, wie meine Beziehung zu Birgit sei, und ein zweites Mal wegen der Baugenehmigung für das Einfamilienhaus. Doch meinen heutigen Besuchsgrund kannte der Generalvikar nicht. Er begann mit dem ersten Zug: »Wie geht's den Bauern deiner Pfarrei?« Ich mochte nicht lang ausweichen und drumherum reden. Seine erste Reaktion: »So ein Mist!« Seine Sprache wurde noch deutlicher: »Des ist jetzt sche… gelaufen! Da musst du zum Bischof. Da kann ich nix machen.« Diesmal bekam ich schneller einen Termin, musste aber an jenem Tag noch länger vor der Tür warten.

Endlich – die Tür ging auf, der Bischof kam hinter seinem barocken Schreibtisch hervor und wies mir in der Sitzgruppe einen Platz zu. Er sprach von der Kraft des Gebetes, der innigen Christusliebe, der heilenden Beichte und dass er fest damit rechnete, dass ich meine Sünde bereuen und meine Pflichten als Priester wieder treu erfüllen werde. Eigentlich ganz sanft. Dabei stand er im Ruf, ein Choleriker zu sein. Dann wurde er zum Bürokraten. Er notierte penibel den Namen der Frau, Alter, Arbeitsplatz und dergleichen und schloss dann fast fröhlich: »Als Beamtin kann sie doch ein Kind auch allein aufziehen! Und für alles Weitere findet man dann schon geeignete Wege.« Ich möge umkehren, mich an Jesus binden. Er würde für mich beten, damit ich den rechten Weg zurück in seine Herde fände. Ich sollte mich in einer Woche wieder melden. Und natürlich schweigen.

Während wir weiter schwiegen, kam die sogenannte stade Zeit – Advent, Nikolaus. An diesem Tag bekam ich wieder einen Termin. Ich versuchte dem Bischof klarzumachen: Mich kriegt man nicht rum. Mir war es ernst mit meiner Liebe zu Birgit. Ich bereute nichts. Deswegen liebte ich Christus trotzdem, und meine Gemeinde ebenso. Für mich war das kein Entweder-oder, sondern ein Sowohl-als-auch – und das schon seit langer Zeit. Ende des Gesprächs. Ich war ein aussichtsloser Fall. Ich sollte noch einmal in mich gehen und in einer Woche schriftlich unter Doppelkuvert mit mehrfach »streng geheim«, »persönlich« usw. meine Stellungnahme zu meinem Zölibatsgelübde abgeben.

Brav schlief ich noch einige Nächte darüber. Birgit wusste, dass ich sie nicht im Stich lassen würde. Ich würde zu ihr und zu unserem Kind stehen – so wie in diesen vorweihnachtlichen

Tagen der heilige Josef, der mit der schwangeren Maria zu den Machthabern zitiert wird und kein Dach über dem Kopf hat. Die Geschichte vom Quartier suchenden Paar Maria und Josef, von der schwangeren Maria und von Herodes löste in mir in diesen Tagen eine eigenartige Resonanz aus. Zu der Verunsicherung und den Zukunftsängsten, die sicherlich jedes Paar, das zum ersten Mal ein Kind erwartet, erfährt und empfindet, kam bei uns noch diese äußerst spezielle Situation. Zumindest hatten wir eine Bleibe. Mit Erlaubnis der Kirchenleitung waren Birgit und ich ja ein Jahr zuvor in das selbst erbaute Haus eingezogen.

Nun wollten sie mich von meinen Rechten als Pfarrer einer Gemeinde entbinden. Doch dafür ließen sie sich Zeit. Warum nur? Mein supergeheimer Brief – das Schreiben zum Zölibatsgelübde, das ich wie gewünscht abgegeben hatte – war ja klar und eindeutig: Ich will gern meine Pflichten als Pfarrer engagiert wie bisher auch weiterhin erfüllen, aber genauso will ich treu an der Seite von Birgit und dem werdenden Kind meine Pflichten als Partner und Vater erfüllen.

Die Zeit schritt voran, Weihnachten kam immer näher. Wir hatten zu tun, dass noch geheim blieb, was bald jeder sehen konnte. Alle freuten sich auf das »Fest der Geburt«, während wir ihm mit gemischten Gefühlen entgegensahen. Ich wusste nicht, ob ich mir die Mühe noch machen sollte, mir für die Weihnachtsgottesdienste zig Ansprachen auszudenken. Jeder Tag konnte der letzte sein. Schließlich kam das »Fest der Geburt«. Vorher rief der Bischof bei mir persönlich an, allerdings nicht, um mir fröhliche Weihnachten zu wünschen: Damit ich ohne Sünde an den Weihnachtsfeiertagen am Altar stünde, sollte ich dringend beichten und diese Frau nicht mehr anrühren. Ich wusste es: Die wollten an Weihnachten keinen Aufruhr haben. Wenn man die Geburt eines ungeplanten Kindes feiert, kann man einen Pfarrer schlecht zu genau dieser Zeit wegen eines ungeplanten Kindes feuern. Die Kirche war an Weihnachten voller als voll.

Nach dem Jahresschlussgottesdienst an Silvester kam das Entlassungsschreiben bei mir an, mit meiner Unterschrift musste ich den Erhalt dieses Schreibens dem Bischof bestätigen. Es war aus. Am 6.1., dem Sternsingertag, sollte ich dieses Entlassungsschreiben in allen Gottesdiensten verlesen und mit ein paar persönlichen Worten meinen Abschied nehmen. Und bis dahin: weiter schweigen.

Sehr passend, denn das Thema der großen Sternsingeraktion 2003 war:»Kindern ein Zuhause geben«. Darüber konnte ich nun wahrlich von ganzem Herzen predigen. Wie wichtig es ist, dass Kinder ein Zuhause haben, das mehr ist als ein Dach über dem Kopf, ein Zuhause, das aus Eltern besteht, die ihr Kind lieben und sich für sein Wohl entscheiden. Das wollte ich tun. In gewisser Weise ganz gehorsam dem Leitmotiv der Bischöfe für diesen Tag folgend. Gewiss, der Grund der Kündigung war der Ungehorsam zuvor, das wusste ich. Sie konnten nicht anders handeln. Der Bischof steht unter dem Kirchengesetz. Und ich war Sünder, schwerer Sünder, renitent und ohne Reue, ja sogar stolz auf das, was ich tat. Insofern habe ich mich selbst aus der Gemeinschaft der Heiligen exkommuniziert, wurde mir von den kirchlichen Richtern mitgeteilt. Die amtliche, schriftliche Exkommunikation folgte ein paar Monate später. Aus der Gemeinschaft meiner Kirchengemeinde dagegen wurde ich nicht verstoßen. Man sieht mich heute noch gern, wenn ich auftauche. Und dass ich mich nicht mehr so oft blicken lassen kann, liegt nur an der Fülle der Arbeit, die ich als freier Priester heute gerne erledige – auch ein Beweis, dass sich Arbeit, Spiritualität, Frau und Familie nicht ausschließen, dass es kein Entweder-oder, sondern ein sich bereicherndes Sowohl-als-auch ist.

Das Schweigen und Verschweigen hat nun endlich ein Ende – es sei denn dort, wo mir andere ihre Sorgen anvertrauen. Ab dem 6.1.2003 konnte ich reden, andere an meinen Überlegungen teilhaben lassen, wie es denn nun mit uns weitergehen würde. Der Bauer, bei dem ich einige Jahre im Austragshaus gewohnt hatte, hatte mir meine Sorge schon vor dem 6. Januar angesehen und mir gesagt:»Anton, wenn ihr einmal ein Kind kriegts, dann tragst halt mich als Vater ein!« Gut gemeint, aber eben auch keine ehrliche Lösung. Ein Nachbarpfarrer meinte:»Wärst doch eher zu mir gekommen, ich weiß da eine Anwältin, die dafür sorgen würde, dass das Kind später erfährt, wer der Vater ist, dann auch erbt, und man sich auch ein paar Mal sieht.« Viele solch sonderbare Lösungsvorschläge waren mir angetragen worden. Vorschläge, in denen Birgit als erst einmal Alleinerziehende später von mir gnädig im Pfarrhaushalt Aufnahme gefunden hätte. Vorschläge, die beinhalteten, dass das Kind in einem guten Heim eine gute Ausbildung erhalten würde, waren auch dabei. Für uns lauter unmögliche Möglichkeiten.

Wir hatten uns füreinander entschieden. Jetzt brauchte nur noch das Kind zu kommen. Wir wussten, dass es ein Mädchen werden würde. Und sie sollte Dorothea heißen – Gottesgeschenk. Drei Wochen früher als eigentlich berechnet kam sie auf die Welt – auf einmal war sie da und mit ihr der Sommer, der 2003 früher als gewohnt im Bayerwald Einzug hielt.

Auf der Geburtsstation bekam man die Tageszeitung des Geburtstages. Ich stöberte in den Stellenausschreibungen. Die Landvolkshochschule in Niederalteich, die zum dortigen Kloster, der Benediktinerabtei Niederalteich, gehörte, suchte einen Leiter: Theologe, sprachgewandt, pädagogische Erfahrung … alles passte auf mich. Der Herrgott meinte es gut mit mir. Der Herr Bischof aber nicht. Auf einmal kam die Absage. Wie zuvor bei anderen Bildungswerken: nein, ein schwerer Sünder, der darf so eine Stelle nicht erhalten. Nicht einmal Vorträge durfte ich halten und waren sie noch so mager entlohnt. Ein Organisator für einen Pilgerweg, Vermittler zwischen Hotels, Gemeinden, Kirchen, usw. war gesucht. Doch auch das ziemte sich für einen schweren Sünder nicht.

Und als ich letztlich konvertierte, war auch die evangelische Kirche vorsichtig. Ich könnte sie ja unterwandern, katholisches Gedankengut einschleusen, müsste erst studieren, praktizieren, mich bewähren. Zum Glück siegten doch meine Fürsprecher und Freunde dort und ich konnte zum Schulbeginn 2003 als evangelischer Religionslehrer an einem Passauer Gymnasium anfangen. Alles war wunderbar: die Schule, die Schüler, der Dekan, die Kollegen. Doch mein alter katholischer Bischof berief sich auf eine Quasi-Abmachung zwischen den Kirchen: Der frühere Bischof kann es dem Bischof der neuen Konfession verbieten, einem Konvertiten auf dem früheren Gebiet eine Stelle zu verschaffen. Das ist nirgendwo schriftlich festgehalten, aber es ist eine Erwartungshaltung, auf die sich der katholische Bischof offensichtlich berufen konnte. Im Fußball heißt das Nachtreten und hat meist die rote Karte zur Folge. Hier gab es leider keinen Schiedsrichter, der diese rote Karte hätte vergeben können. Selbst die Bittbriefe der Schulleitung, Kollegen, Schüler und Eltern konnten den katholischen Bischof nicht umstimmen.

Bei mir tat sich schließlich einiges. Das Kloster Andechs unter dem damaligen Prior Pater Anselm Bilgri suchte jemanden, der dort mithalf. Es ging dabei nicht um Unterstützung beim Bierbrauen, sondern um die Schulung von Managern nach der Regel des Heiligen Benedikt. Dass ich inzwischen evangelisch war, störte niemanden. Die Unterschiede sind ja minimal, manchmal scheint es mir, dass es dabei nur um Machtpositionen geht. Bei drei Kursen habe ich im Kloster Andechs mitgewirkt. Doch ich entschloss mich schließlich, einen anderen Weg einzuschlagen. Heute bin ich über all das sehr glücklich. Es waren alles wichtige Entscheidungen. Scheiden heißt etwas abtrennen. Sich lösen von etwas, das einem wie die Haut einer Schlange zu eng wird und nicht mehr passt, kann befreien. Eine Raupe lässt den Kokon zurück und erhebt sich in bunten Farben als Schmetterling. Entscheidungen tun gut. Man muss sie nur treffen, sie nicht vor sich herschieben. Entscheidungen werden außerdem nicht einmal und für immer getroffen, sondern müssen immer wieder neu getroffen werden. Auch für einen Partner habe ich mich nicht einfach einmal entschieden, sondern entscheide mich immer wieder neu für ihn – getragen von dem Bemühen und der Leidenschaft, sich vom Leben gemeinsam verwandeln zu lassen und damit der Gefahr zu entgehen, einmal vor einem völlig fremd gewordenen Menschen zu stehen. Diese Treue zu einem konkreten Menschen unterscheidet sich wesentlich von der Treue zu einem großen Sozialverband – wie der Kirche – und den darin vertretenen Normen.

Geholfen bei meiner Entscheidung hat mir ein Freund, auch ein Ex-Pfarrer. Er leitet heute eine Yogaschule im Rheinland. Der Atem kommt von selbst, wenn man ihn nur frei fließen lässt. Unterstützen kann man diesen Prozess mit einem mantraartigen Wort wie »loslassen«. Meine Erkenntnis ist, dass es im Leben gar nicht so sehr auf die einzelne Entscheidung ankommt, sondern auf die Haltung der Entschiedenheit. Bevor man den einen oder anderen Weg wählt, kann man durch die Betrachtung vieler Möglichkeiten die Vernunft einbeziehen, man kann gewichten, visualisieren und vieles mehr – aber irgendwann sollte man einen Weg gehen. Die Vernunft scheint mir dabei aber nur wie ein Stock eine Gehhilfe zu sein. Der

Bauch ist dagegen eher der Kompass, er weiß meist schon zuvor, wohin er will. Unsere Intuition weiß mehr als der Verstand. Und so bin ich meiner Intuition gefolgt. Ich wusste: Sie zeigt mir den Weg.

Und ich wusste: Ich gehöre zu Birgit und zu unseren Kindern – denn inzwischen haben wir uns für ein zweites entschieden. Ja, jetzt weiß ich auch: Wer Kinder hat, hat mehr vom Leben.

Neuanfang

Immer wieder schön ist das Gedicht von Hermann Hesse, ›Stufen‹: »… und jedem Anfang wohnt ein Zauber inne, der uns beschützt und der uns hilft zu leben … nimm Abschied und gesunde«. Über Entscheidungen und Abschied habe ich bereits geschrieben. Jetzt geht es um den Neuanfang.

Leicht war er nicht. Das erste Kind ist wohl immer eine große Umstellung. Noch dazu, wenn man nebenbei eine neue Stelle sucht. Aber ich bin Dorothea dankbar. Nicht nur, dass sie mir zumutete, mich neu zu definieren, sie hat mich nicht nur *be*grenzt, sondern auch *ent*grenzt.

Was bin ich mit ihr gelaufen: Nach dem Stillen sollst du ruhn oder 1000 Schritte tun – sagt man das so? Meine Frau ruhte – ich tat die Schritte. Meist vier Mal am Tag bin ich zwei Stunden mit Dorothea im Kinderwagen oder in der Tragevorrichtung durch die Pfarrei gewandert, bin dabei zigmal angehalten worden und am Ende mit Geschenken und guten Wünschen beladen wieder zum nächsten Stillen zurückgekehrt. Und all das in einem Traumsommer.

Nachdem aus vielen Versuchen, beruflich neu anzufangen, nichts wurde, beschloss ich, selbständig zu werden. Vor Jahren schon hatte mich die amüsante Aussage eines bekannten

Theologen und Religionssoziologen fasziniert. Professor Paul Zulehner sagte in einer Weiterbildung für Pfarrer, in der es darum ging, wie man mehr Menschen für die Idee Jesu gewinnen könne: Ihr Pfarrer seid Gottes Kleinunternehmer auf Erden. Man soll sich nicht auf den »Konzern« verlassen und nur Dienst nach Vorschrift tun, nicht ein System erhalten, sondern eine Botschaft erfahrbar verbreiten.

Solange man seine Pfarrei wie einen kleinen Tante-Emma-Laden mit jenen Produkten und Verkaufsmethoden führen konnte, die man für richtig hielt, war das ja wunderbar. Nur begann der Konzern Kirche schließlich, immer kleinlicher alles von oben herab zu diktieren. Und auf diese Weise machte es keinen Spaß mehr. Man bekam die Regale mit Zeugs vollgeräumt, das keiner wollte. Das meiste blieb als Ladenhüter liegen, weil es unbrauchbar war für die Lebensgestaltung. Die Dienstkleidung wurde rigide vorgeschrieben wie auch sonst nahezu alles. So war Pfarrersein für mich nicht mehr erstrebenswert. Also war es an der Zeit endlich selbst ein wirklicher Unternehmer zu werden.

Ich unternahm etwas, auf eigene Faust. Manchmal ist es ja umgekehrt: Die Männer verdienen, die Frauen verwirklichen sich in einem verspielten Traumjob – so ein bisschen nebenbei. Bei uns hatte Birgit als Lehrerin ein sicheres Einkommen und ich konnte schauen, ob meine Idee, als freier Theologe zu arbeiten, Früchte tragen würde.

Riten waren gefragt. Ein Freund, dessen Vater gestorben war, fragte mich, ob ich eine Trauerfeier entwickeln würde, ich könnte so etwas doch. Der Vater war Anthroposoph gewesen. Es gelang gut, es wurde eine würdige und schöne Feier. Ich war zum Essen geladen, bekam auch etwas Geld. Aber wie legte man die Preise fest? Nach Stundenaufwand oder nach Belieben? Ein Bestatter kannte die Münchner Tarife. Und der war schon lange Unternehmer, unternehmungslustig und voller Einfälle. Uns kam die Idee, gemeinsam ein Trauerhaus zu eröffnen. »Du kannst was, du weißt was, du kannst reden, du schaffst das«, meinte er. Ich schulte Personal aus Pflege- und Rettungsdiensten, ich hielt Seminare für Trauernde und sprudelte voller Tatendrang. Und wie es das Sprichwort sagt: Es folgt der Erfolg dem, der seiner inneren Stimme folgt! Erfolg ist ein seltsames Gemisch: eine große Portion Glück, viel Können, noch mehr Fleiß, Zähigkeit, Durchhaltevermögen. Und Menschen, die einen brauchen, Menschen, die einen entdecken, die einen fördern, ermutigen, inspirieren – ich bin vielen sehr, sehr dankbar!

Hätte die römisch-katholische Kirche fest im Sattel gesessen als glaubwürdige Monopolistin über rituelle Zeremonien dort, wo das Leben eines Menschen eine Wende erfährt, hätte ich wohl keine Chance gehabt. Aber sie unternimmt seit Jahren alles, ohne es vielleicht zu wollen, um den Boden für Neues zu bereiten. Bei einem Pilgerweg, den ich durch den Nationalpark Bayerischer Wald zum Thema »lebendig – vergänglich« geleitet habe, wurde mir das an den absterbenden Bäumen überdeutlich. Ein sterbender Baumriese deckt die kleinen Pflanzen unter sich mit einem Nadelteppich zu. Seine letzten Samen beginnen darunter geschützt langsam zu keimen. Das Baummehl, das der Borkenkäfer nach unten rieseln lässt, ist ein hervorragender Dünger für die Saat. Die abbrechenden Äste des alten Baumes schützen die Jungbäumchen vor dem Druck des Schnees und der tote Baum gibt im Frühling die Wärme der ersten Sonnenstrahlen so gut nach unten ab, dass rund herum die kleinen Bäumchen einen Vegetationsvorsprung von etlichen Tagen haben. Ich will nicht sagen, dass die Kirche ein sterbender Riese ist, aber sie tut quasi alles, damit meine eigenen Versuche wachsen können. Heute kann ich mich der vielen Anfragen fast nicht erwehren – aber das ist ja schön, wunderschön:

Menschen, die trauern, einen würdigen Abschied zu ermöglichen.

Menschen, die lieben, einen Rahmen zu geben, der ihrer beider Ja zusammenhält.

Neuen Erdenbürgern eine freudige Begrüßung zu bereiten.

Menschen brauchen Rituale.

Vorsicht: Menschen ist ein Wort im Plural. Früher glaubten die Kirchen zu wissen, was die Menschen über Zeit und Raum hinweg sind und brauchen, was ihr »Wesen« sei. Heute weiß jeder: Die Kulturen sind sehr verschieden. Und was zur »Natur« des Menschen zählt, demnach auch. Mir liegt es fern, hier eine umfassende Lehre vom Menschen zu entwerfen. Ich will nur von dem ausgehen, was ich selbst erfahren habe. ›Stufen‹, das Gedicht von Hermann Hesse, hat es schon angedeutet. Immer wieder stand ich vor Wachstumsstufen, wie jeder Mensch: der Wechsel ans Gymnasium, der Tanzkurs, das Abitur, die Diplomverleihung und der Berufseintritt, die eigene Pfarrei, der Entschluss, mit Birgit ein Paar zu bilden, die Geburt des ersten Kindes, der Tod der Mutter 2010 … Immer wieder erlebte ich kleinere und größere Abschlüsse und Neubeginne. Der Blick zurück fragt: Was war das eigentlich? Der Blick nach vorne fragt: Wie kannst du das schaffen? Andere fragen sich das auch. Kein Übergang geschah ganz allein, immer waren mehrere an der gleichen Schwelle und Mitfühlende am Rand, einige, die zurückblieben und einige, die diese Schwelle schon gemeistert hatten. Und miteinander wurde immer ein Ritual begangen. Außenstehende haben angefeuert und mitgefiebert, mit den Zurückzulassenden wurde der Dank zelebriert, während die schon Erfahrenen ermutigten: »Das schafft ihr auch.«

So erbauen mich seit jeher Rituale und Zeremonien. Früher

als Jugendgruppenleiter waren besondere Jugendgottesdienste ein Event, dynamisch, erlebnisreich, mitgestaltet, aufrüttelnd, ein Protest. Der normale Gottesdienst war mir immer zu langweilig, zu wenig provokativ, eher aussagelos. Darum wollte ich zumindest als Lektor den Bibeltext anders vortragen, so dass er Gedanken anstieß. Aber braucht es wirklich Gottes-dienste, also Rituale, die Gott will, die ihn gütig stimmen, die seinen Vorgaben zu gehorchen haben? Will Gott uns, seinen Anhängern, damit dienen, dass er uns neben allen zu erledigenden Dingen einlädt (oder verpflichtet) zu solch einem starr strukturierten Innehalten? Jeder Sonntag ein Neuanfang, der einem »die Uhr stellt«, also sagt, was eigentlich wichtig ist, sagt, dass man nicht alles allein machen muss, sagt, dass auch Scheitern kein Ende ist, sagt, dass in der Ruhe die Kraft liegt, und dergleichen mehr. Das ist natürlich sehr sinnvoll und kann für viele Menschen ein wichtiger Halt sein. Bloß der Showmaster am Altar bringt das selten gut rüber, seine Band ist saftlos und am Einschlafen, das Studio dreiviertel leer. Er will und muss sich an das Heilige Ritual halten. Als Priester schlüpft er deshalb in sein Messgewand, weil seine Persönlichkeit im Opferritual keine Rolle spielen soll, darum spricht er auch nicht »normal«, sondern in seinem seltsamen Singsang. Alles ist alt und ehrwürdig und obgleich in deutscher Sprache den meisten unverständlich. Nicht einmal die geradezu urmenschlichen Gesten sprechen für sich: das Schreiten, Verneigen, Brotteilen, Knien und was es sonst noch alles gibt.

Als ich am 6.1.2003 meine Sachen packen musste, halfen mir viele, meine Papiere für alternative Gottesdienste in Kartons zu stapeln. Mein Nachfolger würde sie nie verwenden. Für meine eigene Vermählung bot mir keiner ein Ritual an, bei der Geburt von Dorothea ebenso nicht. Warum also nicht selbst daran stricken? Das auswählen, was einem sinnvoll erscheint? Das Altbackene wollte ich für mich ja sowieso nicht. Hat sich nicht die Kirche selbst allerlei Symbole und Riten einverleibt? Römische Prunkgewänder, der germanische Kelch und vieles mehr stammen nicht aus ihren jüdischen Wurzeln. So wurde ich zum Ritendesigner, um ein modernes Wort zu strapazieren. Ich beanspruche nicht für mich, alles ganz neu entworfen zu haben, was ich mache. Ich bin stolz, mich sehr authentisch auf bewährte Zeremonieabläufe berufen zu können, wobei das Wort »Gott« nicht in jeder Zeremonie vorkommen muss. Das Wort »Gottesdienst« taucht höchst selten auf, und es sind nicht einfach »Wortgottesdienste«, die unter meiner Feder entstehen, denn ein Ritual ist mehr als ein Wort. Es ist eine Dramaturgie, die für sich spricht, die in Bann zieht, die manchmal ruhig macht, manchmal ein Lachen herauskitzelt. Es sprechen Symbole, auch ohne mit langen Worten erklärt und gedeutet zu werden, und Musik, deren Melodie genauso viel aussagt wie eventuell ein Text, der gesungen wird. Ich wehre mich dagegen, als »Trauerredner« oder »Hochzeitsredner« abgestempelt zu werden. Ich erhebe einen anderen Anspruch für meinen Neubeginn. Ich gestalte Riten für Übergänge, ich leite Zeremonien für Neubeginne und führe durch Rituale der Abschiednahme, die allesamt entstehen im Dialog mit denen, die sie von mir erbitten. Kein Pfarrer mehr, der andere auffordert seinen heiligen Agenden beizuwohnen, die weder er noch seine Teilnehmer zu bestimmen haben. Der Bogen ist weit und reicht von Geburtsfesten zu Adoleszenzritualen, vom Hausabriss bis zur Hauseinweihungsfeier, vom Firmenjubiläumsevent bis zur Chefverabschiedung, von einer Hochzeitszeremonie bis zur Trauer-feier – ja, auch da darf man das Wort »feiern« verwenden.

Gerade dieses Thema brennt mir schon immer auf den Nägeln: Tod und Trauer. Vielleicht weil ich ein Novemberkind (und Skorpion) bin, kreisen viele meiner Überlegungen um diesen letzten großen Übergang. Und nebenbei: Vom Ende her gesehen erhalten Anfang und Mitte auch ganz neue Impulse. Das »Memento mori« (bedenke, dass du sterben musst) ist keine Angstmache, die dem Sünder den Feuerspieß des Teufels in der Hölle heiß macht. Es kann daraus genauso ein »Carpe diem« werden – ein »Pflücke den Tag« oder auch ein dankbares, sinnenwaches Dasein im Hier und Jetzt. Würden meine Vorträge nur darauf hinweisen, wäre es zu wenig. Jeder Friedhof ist der kommunale Luxus einer immerwährenden Vergewisserung darüber: Was uns alle hier verbindet, ist das Wissen um die uns allen gemeinsame Sterblichkeit. So wie die Kirchtürme die Menschen wortlos an Gott denken lassen sollen, so soll der Friedhof ein Ort des Friedens sein, der allen ihren gemeinsamen Nenner vor Augen führt: Staub bist du – nimm dich nicht so wichtig, sei dankbar, mach dir und anderen die Zeit hier so angenehm wie möglich.

Ich nenne es Friedhofspädagogik, für die ich mit Vorträgen werbe. Den Friedhof wiederbeleben – klingt verrückt, ist aber möglich. Es ist meine eigene Erfahrung, dass die Beschäftigung mit dem Tod lebendig macht. Und Leben ist Vielfalt, nicht Monokultur. Trauerwälder, in denen Urnen in Wäldern am Fuß eines uralten Baumes oder im Schutz eines mächtigen Felsens beigesetzt werden können, sind ein Baustein in der bunten Vielfalt der Friedhofskultur(en). Auch das ist Teil meines Neuanfangs, bei dem ich dankbar bin, zur rechten Zeit auf die richtigen Leute gestoßen zu sein, die mich ermutigt haben, meinen begonnenen Weg weiterzugehen. Und wie heißt es bei Hesse so schön: »Und jedem Anfang wohnt ein Zauber inne, der uns beschützt und der uns hilft zu leben.«

Ein Bild gefällt mir in diesem Zusammenhang sehr: Wenn die Sonne auf der einen Seite sinkt, geht sie auf der anderen wieder auf. Und wenn wir einen Untergang erleben, können wir darauf vertrauen, dass auf der andern Seite ein Aufgang sacht seine Strahlen in die dunkle Nacht schon vorausschickt. Gehen wir ihnen entgegen, dann kann es nur heller werden!

Zölibat

Der Mensch wird als Mann oder Frau geboren und ist von Grund auf ein geschlechtliches Wesen bis hinein in die letzte Faser seines Daseins. Mag schon sein, dass manch einer mit seiner Rolle nicht klarkommt, sie vielleicht sogar wechselt, aber ein Neutrum wird er nie. Der Wunsch nach Partnerschaft und sexueller Begegnung gehört zu fast allen Menschen, ob homo- oder heterosexuell. Kaum ein Thema beschäftigt Menschen mehr als die Sexualität und das seit Urzeiten. Wer vor diesem Hintergrund das Gebot der sexuellen Enthaltsamkeit errichtet, greift erheblich in das Selbstkonzept von Untergebenen ein. Religionen transportieren Regeln für das Miteinander in einer Gemeinschaft – und ganz stark auch für das Miteinander der Geschlechter, für die Erzeugung von Nachkommenschaft, für die Lebensweise ihrer Priester und Priesterinnen.

In manchen Religionen hat die Sexualität einen äußerst positiven Stellenwert, in anderen einen eher negativen. Generell gilt: Wer sich freiwillig eines bestimmten Gutes auf Zeit enthalten kann, macht dieses Gut damit wertvoller, kann intensiver genießen und erhebt sich über physische Abhängigkeiten, die ein Dauergenuss erzeugen könnte. Diese Erkenntnis hat in vielen Kulturen dazu geführt, dass sexuelle Enthaltsamkeit, ob zeitweise, vor einem bestimmten Ritual oder für eine bestimmte Gruppe innerhalb der Religionsgemeinschaft, für sinnvoll gehalten wurde. Sigmund Freuds Theorie der Triebsublimierung weist auch darauf hin: Ein zeitweiliger Triebverzicht, gerade auch im Bereich der Sexualität, kann Energien für andere Bereiche freisetzen.

Und niemand wird leugnen, dass die Megasexualisierung unserer heutigen Welt den Reiz der geschlechtlichen Begegnung entzaubert und vielfach Menschen ihre Würde raubt. Der andere wird oft zum bloßen Objekt der kurzfristigen egoistischen Triebbefriedigung. Guter Sex hingegen kann eine Art Erleuchtung sein. Nicht weil einer dabei ein Halleluja haucht, sondern im Du sein Ich aufgibt. Die wahnsinnige Ichzentriertheit der Menschen erzeugt viele Probleme. Spiritualität ist nicht ein Bündel von Gebetstexten, sondern die Erfahrung des Einsseins.

Das katholische Naturrecht sieht Sexualität in erster Linie als Reproduktionsgeschehen. Die Lust am Sex war der katholischen Religion meist ein Dorn im Auge. 1139 auf dem Zweiten Laterankonzil beschlossen, ist die Ehelosigkeit seither aufgenommen in den Codex Iuris Canonici. Dort ist in Canon 277 festgehalten:»Die Kleriker sind gehalten, vollkommene und immerwährende Enthaltsamkeit um des Himmelreiches willen zu wahren; deshalb sind sie zum Zölibat verpflichtet, der eine besondere Gabe Gottes ist, durch welche die geistlichen Amtsträger leichter mit ungeteiltem Herzen Christus anhangen und sich freier dem Dienst an Gott und den Menschen widmen können.« Und damit ist der Zölibat für die Weihe zum Diakon kirchenrechtlich verpflichtend und eine Vorbedingung zur Priesterweihe.

Dabei hat der Codex Iuris Canonici nicht nur in diesem

Punkt große Löcher: Schon die orthodoxe, also streng rechtgläubig sich nennende Christenheit des Ostens verpflichtet nur die Kirchenkarrieristen auf die keusche Enthaltsamkeit. Der niedere Pfarrklerus darf heiraten. Und da es von diesem Kirchenzweig auch mit der römischen Kirche Unierte gibt, gilt für diese die Zölibatspflicht selbstverständlich nicht. Überhaupt ist eine Dispensierung möglich. Das heißt der Papst kann jederzeit Einzelne davon befreien. Und er machte davon auch gern Gebrauch. Zwar ist aus römischer Sicht die Ordination evangelischer Amtsträger null und nichtig, aber: Wenn sich solche »Pastoren« zum katholischen Glauben bekehren, will man sie wie Trophäen vorführen. Sie werden flugs vom Zölibat befreit und als verheiratete Männer zu katholischen Priestern geweiht. Als vor Jahren die anglikanische Kirche entschied, auch Frauen zu Priesterinnen zu weihen, traten aus Protest nicht wenige verheiratete anglikanische Pfarrer aus ihrer Kirche aus und wurden katholisch. Dort wirken sie nun als verheiratete Priester mit dem Segen Roms.

Der Zölibat ist kein göttliches Recht, also ist er jederzeit revidierbar. Es ist zu prüfen, ob er in der jeweiligen Zeit seinen Sinn – wenn er einen hat – auch erfüllt.

Kirchengeschichte

Im Rückblick auf die Geschichte tut sich ein sehr verworrenes Wurzelwerk für dieses zum Gesetz erhobene Ideal auf. Da windet sich ein Strang aus dem Bereich platonischer, hellenistischer Philosophie herauf. Bei Platon geht die Idee den Dingen voraus und das Ideale steht bei ihm über dem Realen. Hinter den realen, erfahrbaren Dingen glänzt bei Platon also das Licht der reinen Ideen. So ist die Idee der Liebe entscheidender als die Erfahrung liebender Verschmelzung. Überhaupt verhalten sich hier Körper und Geist wie böse und gut. Die körperliche Sexualität erscheint barbarisch gegenüber der platonischen Liebe, die sich im Gleichklang der Gedanken ausdrückt. Diese Sichtweise und andere Elemente der platonischen Philosophie kamen in der römischen Antike über Augustinus in die christliche Lehre.

Die patriarchalische Denkweise ist ein weiterer starker Anker für die Minderbewertung der Sexualität. Frauen verführen nur, sind mit den niederen Dingen der Erde verbunden und ziehen so den hehren Geist der Männer in den Staub des Banalen. Das Judentum – zumal zur Zeit Jesu – verstärkt diese verbreitete Abwertung der Frau vielfach. Das Blut als Zeichen des Lebens lässt die Frau ausströmen und sie wird dadurch unrein. Allein die Männer sind für den Tempeldienst wichtig. Die Frau gehört in die Küche und zu den Kindern. Zwölf Tage von Beginn der Menstruation an müssen alle jüdischen Paare enthaltsam sein. Eine Zölibatsverpflichtung hingegen kennt das Judentum nicht.

In den ersten Jahrhunderten der entstehenden Berufsgruppe christlicher Priester wird die Ausübung der Sexualität eingeschränkt, geprägt durch die Vorstellungen von der Frau als unrein und der körperlichen Liebe als niederer Trieb. Jesus wollte hingegen das Priestertum gänzlich abschaffen und mit ihm den Opferkult. Der ganze Tross an kirchlichen Würdenträgern ist ja erst eine Erfindung derer, die Jesus höchstens noch vom Hörensagen kannten. Jesus hat keine Hierarchien eingesetzt, niemanden inthronisiert oder wie man heute beim Pfarrer sagt: installiert – als wäre er eine Abwasserleitung.

Zunächst behielten auch die Anhänger Jesu nach dessen Tod diese Sichtweise bei. Selbst Paulus, der in den Korintherbriefen sehr frauenfeindlich klingt und Sexualität nur als leider notwendige Triebabfuhr zulassen möchte, war eine bunt gemischte Vielfalt an Ämtern, Diensten und Aufgaben für die neue jüdisch-heidnische Sekte der Christen erlaubt, das heißt, es wurde nicht mehr scharf getrennt zwischen den Priestern und den normalen Gläubigen.

Die Christenheit bestand damals zum einen aus Juden, die in Jesus den erwarteten Messias sahen, der ihr Judesein auf seinen ursprünglichen Kern zurückführt, und zum anderen aus Heiden oder eben Nicht-Juden, also Menschen ohne das starre Korsett jüdischer Religionsgesetze. Zwischen beiden gab es natürlich Ärger: Sollten die freieren Heiden-Christen die strengeren jüdischen Glaubensvorschriften übernehmen müssen? Braucht es überhaupt Priester?

Die damalige Welt war voll von religiösen Sondergruppen. Auch von Gruppen, die Sexualität und Weltlichkeit generell ablehnten. Manche erwarteten ein baldiges Weltende. Da brauchte man keine Kinder mehr zu zeugen und sich keinen erotischen Liebesspielen hinzugeben, da musste gehandelt werden: Man musste andere bekehren, für sich selbst Sühne leisten und sich auf das Gericht vorbereiten. Jesus spricht über das Thema Sexualität und Partnerschaft kaum, die Bibel auch nicht sehr viel, es gab andere Sorgen. Wovon die Bibel und Jesus am meisten sprechen, ist die Liebe. Sie gilt den Armen, den Sündern, den Zukurzgekommenen, dem Nächsten.

Aber auch als das Weltende nicht kam, dafür der Untergang des jüdischen Tempels und seiner Priester, war die Zeit des Triebaufschubs nicht vorüber. Jetzt unterwanderten diese Gedanken das sich nun ausbreitende Christentum. Der Opfergedanke kehrte zurück, mit ihm die Opferpriester und mit ihnen das Verbot, vor den heiligen Handlungen Beischlaf zu haben.

In der Bibel steht Verschiedenes zum Thema Partnerschaft. So gibt es den Paulus, der den Frauen das Schweigen in der

Kirche verordnet und in der Erwartung des Weltenendes lebt. Wenn die Welt nur noch Monate oder ein paar Jahre besteht, erübrigt sich das Kinderzeugen. Martin Luther, der im Übrigen sehr viel auf Paulus hält, sieht das ganz anders: Und wenn morgen die Welt unterginge, würde ich heute noch ein Apfelbäumchen pflanzen.

Jesus hat die Schwiegermutter des Petrus geheilt, Petrus war also verheiratet. Jesus selbst äußerte sich nicht gegen die Ehe. Er scharte erstaunlich viel »Weibsvolk« um sich, und nicht nur die, durch deren Nähe der eigene Ruf gesteigert wurde. Aber Jesus kümmerte sich nicht darum, auch nicht um dieses angeblich so heiße Eisen »Sex« und Partnerschaft. Ihm ging es darum, die Welt zu retten. Das habe ich von ihm gelernt; der Rest ist Nebensache – auch eine mögliche »Kirche«. Jesus verkündete das nahe Reich Gottes, gekommen ist leider nur die Kirche und darin stritten sich Figuren wie Petrus und Paulus um die Chefposten. Andere haben sich Gedanken über die Stellenbeschreibungen in der Hierarchieebene darunter gemacht. Im ersten Timotheusbrief, der höchstwahrscheinlich nicht mehr von Paulus stammt, steht ausdrücklich, dass der Bischof nur der Mann *einer* Frau sein solle: »Deshalb soll der Bischof ein Mann ohne Tadel sein, nur einmal verheiratet, nüchtern, besonnen, von würdiger Haltung, gastfreundlich, fähig zu lehren; er sei kein Trinker und kein gewalttätiger Mensch, sondern rücksichtsvoll; er sei nicht streitsüchtig und nicht geldgierig. Er soll ein guter Familienvater sein und seine Kinder zu Gehorsam und allem Anstand erziehen.« (1. Timotheus 3, 1-7) Hatten die anderen mehrere Frauen? Wer solches schreibt, muss wohl auch das Gegenteil erlebt haben. Jedenfalls qualifiziert sich laut dieser Bibelstelle nur der zum Gemeindevorsteher, der eine Familie gut leiten kann. Radikale Missionare hingegen verzichteten freiwillig auf alles – als Märtyrer auch auf ihr Leben. Die Mehrheit der Christen lebte jedoch in Beruf und Familie.

Eine Bibelstelle, die häufig als Beleg für den Zölibat angeführt wird, ist eine Passage aus dem ersten Korintherbrief: »Ich wünschte, ihr wäret ohne Sorgen. Der Unverheiratete sorgt sich um die Sache des Herrn; er will dem Herrn gefallen. Der Verheiratete sorgt sich um die Dinge der Welt; er will seiner Frau gefallen. So ist er geteilt. Die unverheiratete Frau aber und die Jungfrau sorgen sich um die Sache des Herrn, um heilig zu sein an Leib und Geist. Die Verheiratete sorgt sich um die Dinge der Welt; sie will ihrem Mann gefallen. Das sage ich zu eurem Nutzen: nicht um euch eine Fessel anzulegen, vielmehr, damit ihr in rechter Weise und ungestört immer dem Herrn dienen könnt.« (1. Korinther 7, 32–35)

Der erste Brief an die Korinther ist Teil einer weitläufigen Korrespondenz, die vorwiegend der Apostel Paulus mit der von ihm gegründeten Gemeinde führte. Theologische Kommentare dazu gibt es zuhauf und in diesen auch sehr begründete Zweifel darüber, ob wirklich alles aus seiner Feder stammt. Korinth muss als Hafenstadt ein sonderbarer Schmelztiegel verschiedener Denk- und Lebensformen gewesen sein. Aber das passt zu Paulus, war er ja auch ein schwieriger Sonderling, ein »Mischling« römischer, hellenistischer und jüdischer Prägung. Ein Saulus, der zum Paulus wurde, ist charakterlich schwer zu bestimmen und umso schwerer das, was er sagt und meint. Dies gilt zunächst ganz konkreten Anfragen, auf die er Bezug nimmt. Da er ziemlich sicher den baldigen Untergang der Welt und die Wiederkunft des Erlösers und Richters der Welt annimmt, schreibt er keine Anweisungen für alle Ewigkeit. Priester und Funktionäre in dem bunten Häufchen der Jesusfans, die diesen alle – wie Paulus selbst ja auch – nicht kannten, gab es so noch gar nicht, also auch keine Struktur und Ämtertheologie für eine Kirche späterer Jahrhunderte. Überhaupt wäre es verwegen, zeitbezogene Ratschläge eines religiösen Fanatikers zu zeitlosen Anforderungen für einen noch gar nicht entwickelten Berufsstand hochzustilisieren.

Aber selbst wenn man tut, was jedem Bibelkundigen die Haare aufstellt, nämlich einen Text wörtlich nehmen, ist man mit vielen Widersprüchen konfrontiert. Soll man sich wirklich in Anbetracht der damals wie heute schrecklichen Welt keine Sorgen machen? Was ist die Sache des Herrn? Wollte nicht gerade der, dass man sich um die Welt kümmert? Hat nicht Jesus bei seiner Himmelfahrt gesagt, man soll nicht hinaufschauen, sondern zu den Menschen gehen? Trotzdem steckt etwas sehr Heilsames in dem Text: Er will keine Fesseln anlegen! Das Sakrament der Ehe gilt ja ebenso als ein Dienst und Zeichen für die Liebe, die Gott für den Menschen empfindet.

Gerade diese jungen Gemeinden wie Korinth hatten eine Doppelstruktur. Es gab die meist ehelosen herumziehenden Missionare, wie unter anderem Paulus auch einer war, der natürlich seine Lebensweise vor dem Hintergrund der für Juden sonst sehr wichtigen Ehe rechtfertigen muss und will – deshalb hebt er das Unverheiratetsein geradezu auf ein Podest. Die Ehelosen, die es damals in Korinth sowohl in der Christengemeinde wie in der Weltstadt überhaupt gab, waren hauptsächlich Prostituierte oder Sklaven, also auch nicht gerade die, die ungeteilt dem Herrn dienten. Dem Herrn dient, wer die Liebe praktiziert, und nicht, wer fromme Sprüche klopft.

Erst der Wegfall der Christenverfolgung innerhalb des Römischen Reiches im 4. Jahrhundert n. Chr. änderte die Lage dramatisch. Christen kamen leichter an Stellen der Macht und der Eintritt in den christlichen Glauben, die Taufe, wurde attraktiv. Jetzt musste man die Amtsträger gezielt auswählen, um Opportunisten fernzuhalten. Die Ehelosigkeit kam zu Ehren, allerdings nur als Ideal für die obersten Religionsdiener, nicht als Gesetz. Höchstens als Enthaltung vor dem Heiligen Opfer wurde der Verzicht auf Sexualität propagiert. Das Mittelalter brachte schließlich neue Entwicklungen. In Europa gab es geistliche und weltliche Fürsten. Geistliche Pfründe, also die Ländereien und die dazugehörigen Steuereinnahmen, wurden als Unterhalt verliehen und sollten nicht als Erbe weitergereicht oder gar zerstückelt werden, sondern der Kirche erhalten bleiben. Deshalb schärfte man nun immer aufs Neue die Ehelosigkeit ein. Schließlich ist es 1139 das Zweite Laterankonzil, das aus vielen regionalen Eheverboten eine Verpflichtung macht, die für die ganze Weltkirche gelten sollte. Wie immer gab man dem eigentlichen Motiv ein spirituelles Mäntelchen – spirituelle Gründe sollten das eigentliche Anliegen der Regelung, nämlich dass kirchliche Besitztümer im Besitz der Kirche bleiben sollten und nicht durch Vererbung an Privatpersonen gingen, übertünchen –, aber eingehalten wurde der Zölibat trotzdem kaum.

Der entscheidende Schub für die nachdrückliche Durchsetzung der Verpflichtung zur Ehelosigkeit kam durch die Reformation. Luthers Rückgriff auf das Wort der Schrift konnte keine Stütze für dieses unnatürliche Gebot finden. Vielmehr las er das Gegenteil aus der Bibel und setzte es auch gleich um, als er Katharina von Bora, eine ehemalige Nonne, heiratete. Überhaupt ergab sich für den Reformator eine neue Sicht auf das Amt in der Kirche im Allgemeinen und ganz besonders auf das Papstamt. Dessen Anmaßung zu rechtlichen Regelungen empörten ihn genauso wie das reale Erleben des damaligen Vatikans. Luther war der Ansicht, nicht der Pomp der Liturgie, nicht die Anmaßung der kirchlichen Ämter, nicht der Papst, sondern das Wort, der Glaube, die Gnade retten den Menschen.

Die Weiterentwicklung ist bekannt. Weniger bekannt war aber den einfachen Zeitgenossen damals, was denn die eigentlichen Glaubensunterschiede waren. Woran sollten sie erkennen, ob der Pfaffe »lutherisch« oder »römisch« ist? Ganz einfach, sagte der Vatikan: Die echten »Römischen« sind die, die keine Frau haben. So wurden im Zug der Gegenreformation die Zügel für die Pfarrer wieder angezogen. Und der Mann von der Straße wusste, woran er war, im Blick auf den Pfarrhof und seine Bewohner. In Zeiten üppiger Priesterbewerber war der Zölibat zudem ein gewisser Auswahlmaßstab. Literatur oder andere Quellen zeigen jedoch durch alle Zeiten, dass mit dem Verbot noch lange nicht das Ideal gesichert wurde. Von Idealen kann man schwärmen, erzwingen lassen sie sich nicht.

Wenn nun das Thema Zölibat solche geschichtlichen Wandlungen hinter sich hat, kann man sich fragen, welche es noch vor sich hat. Schließlich spricht man ja heute von Priestermangel. Wie viele Schafe kann ein Hirte leiten? Wie man sieht, kann ein Papst für Hunderttausende die Messe lesen. Es geht aber nicht nur um große Kirchenräume und viele geweihte Hostien, es geht um lebendige Gemeinden, um Menschen, die darin Dienste übernehmen. Und es geht darum, wer welche »Vollmachten« ausüben darf. Auch eine Frau könnte demjenigen zuhören, der sich irgendwo schuldig gemacht hat, und könnte ihm sagen, dass Gott vergibt, und nach Wegen suchen, wie es gut für alle weitergehen kann. Doch diese Vollmacht, die Beichte abzunehmen, besitzt nur der Priester, ein eheloser Mann und Theologe.

Und hinter all den Fragen, wer was darf, geht es gewiss auch ums liebe Geld, denn in Zeiten schwindender Kirchensteuereinnahmen fragen sich die Verantwortlichen: Wie viele gut bezahlte Gemeindefunktionäre wollen wir uns leisten? Dabei haben diese neben der Ehelosigkeit eigentlich auch die Armut gelobt, was aber in der Realität so gut wie überhaupt keine Rolle spielt.

Am Zölibat wird besonders deutlich, wie schwer sich die Kirche tut, sich wirksam und hilfreich in diese Zeit hineinzubegeben. Es mangelt ihr an einer vitalisierenden Vision, wie sie Sauerteig für die Welt von heute sein könnte. Und ich denke, es kämpfen in dieser riesigen Institution viele Mächte: Die einen wollen zur guten alten Zeit zurück und verurteilen daher alles Moderne und die anderen hadern, weil ihr großer Traum hart an den Realitäten zerplatzt. Ich glaube, man kann Jesus nicht in eine Hostie sperren, seine Idee nicht in starren Kulten konservieren. Aber ich muss der römisch-katholischen Kirche ja auch nicht raten, was sie tun soll, ich bin ja ausgetreten. Der neue Papst Franziskus wird wohl auch nicht die Kirche so weit verändern können, dass sie die Menschen wirklich erreicht und eine sinnvolle, hilfreiche Rolle für die Welt einnimmt, auch wenn er viele Konventionen über den Haufen wirft. Die Kirche könnte Strukturen und Einflussmöglichkeiten nutzen, damit denen geholfen wird, die sonst keine Helfer haben. Die Kirche sollte ihr weltumspannendes Netz dafür einsetzen, aufzudecken, wo Menschen ihrer Rechte beraubt werden. Und sie sollte dafür Partei ergreifen, dass diese geschützt werden, dass die Verhältnisse gerechter werden. Ich erhoffe mir, dass Papst Franziskus dies tut – so scheint es ja zumindest. Ich finde es toll, wenn dieser große Apparat seine Macht in die Waagschale wirft, wo es um Menschlichkeit, die Armen und mehr Gerechtigkeit geht.

Eine Leidenschaft für das Leben und das Aufgeben des ICH halte ich für positive Eigenschaften, die ich auch im Sex erlebe. Guter Sex ist eine spirituelle Erfahrung und darum wollen viele Kirchen und Religionen diese Erfahrung verteufeln. Damit würden sie sich selbst eventuell abschaffen. Keine Angst, sage ich. Wer lernt, sein Ich einem Du zu opfern, der braucht zwar keine heiligen Opferrituale mehr und als solches versteht sich die Messe ja auch. Doch wer solche hingebungsvolle Liebe und verantwortungsvolle Partnerschaft erfährt, möchte dieses Glück mit anderen feiern. Und als Leiter einer solchen Feier der Liebe bräuchte es Menschen, die wissen, wovon sie reden.

Die immerwährende Diskussion um den Zölibat ist eben nicht, wie Kirchenobere meist behaupten, ein Gezanke um eine totale Nebensache der Kirche. An ihm wird gemessen, wie glaubwürdig sie ist, wie liebevoll, menschlich und gefühlvoll. An der Lebensform der Priester (und Priesterinnen) soll deutlich werden, was für sie wichtig ist, ihr Amt, ihr Auftrag und wofür sie ihre Vollmacht einsetzen. Es geht dabei in einem Wort um ihr Wesen.

Von sich reden macht sie allerdings eher durch ihr Unwesen, dort wo sexuell gestörte Amtsträger sexuelle Gewalt ausüben. Das allein sagt, dass das Auswahlkriterium Zölibat für den Dienst des Priesters längst keine Gewähr dafür bietet, dass hier einer nur Gott und dem Menschen dient. Da nützt auch der Verweis auf die jetzt intensivierte Erziehung der Priesteramtsanwärter nichts, die man mit zwanzig Jahren schulen möchte, den Zölibat »als eine besondere Gabe Gottes in Ehren zu halten«. (Canon 277) Einerseits kann man eine Lebensform nicht antrainieren und auswendig lernen, andererseits sind viele Dispositionen schon längst im Individuum angelegt. Bei anderen kann sich der Idealismus, der in einem 20-Jährigen flammt, durch die konkrete Erfahrung im späteren Arbeitsleben gewaltig verändern. So wie es sittenwidrige Verträge gibt, gibt es auch Versprechen und Gelübde, die wider die Vernunft sind, denn Lebensformen gehören in konkrete Lebensumstände. Wenn sich diese wandeln und man verantwortlich zu einer anderen Lebensform wechselt, drohen einem in der katholischen Kirche jedoch gewaltige Konsequenzen. Man gilt als schwerer Sünder, der nicht auf Hilfe hoffen kann. Hilfe erhält nur der, der die Wahrheit vertuscht und Menschen im Stich lässt.

Und auch das macht die Kirche so unglaubwürdig. Nach dem Prinzip wegschauen, leugnen, verschweigen kann sie mit allem leben. Wer eine Sünde bekennt und dann zur Tagesordnung übergeht, der hat den Freibrief – auch wenn die Sünde ein zerstörtes Kinderleben ist. Wer aber zu seinem Kind steht, für dieses um eine gute Zukunft als Vater besorgt ist, der kann irgendwo anders wieder von null anfangen. Dabei gäbe es ja innerhalb der Kirche so viele Berufsgruppen, die auch ohne Zölibat Wichtiges leisten. Ja, der Papst hat sogar die gar nicht so selten genutzte Möglichkeit, Menschen vom Zölibatsgelübde zu entbinden, z. B. um einen ehemals evangelischen und somit verheirateten Priester nach einer Konversion zu einem katholischen Priester zu weihen. Der Zölibat ist ein dunkles, sonderbares Kapitel, um das die Kirche einen Eiertanz aufführt, als gäbe es sonst nichts Wichtigeres aus Jesu Hinterlassenschaft.

Meine persönliche Erfahrung mit dem Zölibat

Das Thema der Weltliteratur findet sich in der Bibel nicht sehr oft: das Liebesverhältnis zwischen Mann und Frau – oder auch zwischen zwei Menschen gleichen Geschlechts. Bücher über die Liebe füllen Bibliotheken. Philosophen wie Platon haben sich ihren Reim darauf gemacht und mit der Geschichte vom ursprünglichen Kugelmenschen einem romantischen Denken Vorschub geleistet: Als die Götter die Kugeln auf die Erde warfen, zerbrachen diese und seitdem sucht jeder seine andere Hälfte. Es gibt genau den Menschen, der mich ergänzt, der ursprünglich mein anderes Ich, meine Anima oder mein Animus war.

Vielleicht geht's auch einfacher und ohne die Götter. Wenn der Mensch in die Welt geworfen wird, hat er oft Glück in Form zweier Elternteile, die ihn lieben, sich an ihm freuen, alles tun, dass er zufrieden ist. Wenn er viel Glück hat, erlebt er das über Jahre, und er lernt zu leben am Beispiel dieser zwei, die nicht nur ihn, sondern auch einander mit Wohlwollen behandeln, gut zueinander sind. Und selbst wo er dieses Glück nur verschwommen wahrnimmt, sieht er es im nahen oder fernen Umfeld oder entdeckt es in der Literatur, im Film, im Fernsehen, weil die Welt davon wuselt: Zweierteams, die sich bemühen, den anderen zum Lachen zu bringen, und notfalls seine Tränen trocknen. Zweierteams, die funktionieren und dabei Großes schaffen vom Hausbau zur Karriere, von der Weltreise bis zum Familienalltag.

Ich wollte das nicht. Solche Menschen soll es auch geben. Dazu gibt es unterschiedliche Erklärungsansätze. Da war die Liebe der Eltern nicht zugkräftig genug oder auch im Gegenteil so stark, dass man von der Mutter oder dem Vater nicht lassen kann. Da ist die Welt so zerbrechlich, dass man auf keinen Fall ein weiteres zerbrechliches Wesen dahineinsetzen wollte. Da wird ein Himmel versprochen als Lohn für etwas Kasteiung auf Erden. Da ist zu verlockend, was man allein ohne Anhang alles machen könnte. Da ist dies und das oder einfach auch die Angst, die anvisierte Partnerin oder der anvisierte Partner könnte einen verlachen, oder vielleicht die Erfahrung, dass die oder der Umschwärmte einem einen Korb gab, und nun soll fortan die Damenwelt oder eben Herrenwelt durch Verweigerung bestraft werden.

Ich wollte die Welt retten. Verzeiht, für so etwas wie Schmusen habe ich da keine Zeit. Ihr seht zwar nett aus, könnt mir gern auch helfen, das Ruder im Weltenlauf herumzureißen, aber bitte versteht: Ich will keine Turteleien. Die Lage ist viel zu ernst. Ich bin der Held und Retter. Als Jugendlicher glaubte ich das wirklich und machte mich stark für meinen großen Einsatz – körperlich und geistig. Wir kämpften gegen die Wiederaufbereitungsanlage für Kernbrennstoffe, gegen den Nato-Doppelbeschluss und den Hunger in der Welt. Ich genoss es, wenn mich Mädchen bewunderten, und habe auch manch eine bewundert – doch mehr nicht. Zuvor – als Kind – habe ich unseren Pfarrer bewundert, wie er vorne in der riesigen Kirche stand und ihm alle zuhörten. Bewundert habe ich ihn, als er mich mit anderen um den Altar stehend das Vaterunser beten ließ und mir eine Kinderbibel mit vielen Bildern schenkte. So einer wollte ich auch werden – der braucht keine eigenen Kinder, der hat so viele, die ihn mögen.

Und so war es für mich auch zunächst kein Problem. Mir war aber auch klar, dass diese Verpflichtung einer sehr zeitgebundenen Weltsicht entstammte und mit Gottes Willen nur wenig zu tun hat.

Der Bischof übt Macht aus

Vor der Weihe verspricht man dem Bischof Gehorsam genauso wie ehelose Keuschheit und Armut. Das Wort »Gehorsam« leitet sich von »hören« ab und die Vorsilbe deutet auf ein umfassendes Hören hin. Benediktiner hören ihren Gründer in der Regel auch deutlich sagen: höre. So wie Gott Jahwe sein Volk in der Bibel ermahnt: höre Israel! Laut Paulus kommt auch der Glaube vom Hören. Meinem Verständnis nach geht es also in der Kirche um eine Kultur des Aufeinander-Hörens.

Auch zwischen Priester und Bischof. Nicht blinde Unterwerfung meint Jesus. So versteht sich eher der Islam von seinem Namen her; dort ergibt man sich einfach dem Willen Gottes. Im Christentum gebietet die Personenwürde die Achtung vor der Freiheit des Menschen. Die Frohbotschaft Jesu gipfelt eben darin, dass der Vater den »verlorenen Sohn« im Gleichnis gehen lässt und am Ende seines frei gewählten Irrwegs mit Barmherzigkeit aufnimmt. Ohne Macht stirbt Jesus am Kreuz und bittet für die Peiniger um Vergebung. Damit bestätigt er seine früheren Worte: Die Herrscher unterdrücken ihre Völker, bei euch aber soll es nicht so sein. Der Größte unter euch soll euer Diener sein.

Ich wurde ganz schön abserviert, als ich mich als werdender Vater dem Bischof outete. Denn es wurde nicht versucht, gemeinsam nach einer vernünftigen Lösung zu suchen, nach beruflichen Möglichkeiten innerhalb der katholischen Kirche, die nicht den Zölibat erfordern. Aber ehrlich gesagt: Damals bei den beiden mir gewährten, bzw. einbestellten Gesprächen habe ich ihn sogar verstanden. Bei einer Selbstanzeige, so wie ich sie eben mit meinem Outing, dass meine Lebensgefährtin und ich ein Kind erwarten, bei ihm vorgebracht habe, kann er nicht sagen »geht mich nichts an«. Er musste natürlich in erster Linie formal alles abhaken, alles notieren. Als jemand, der selbst stark im System Kirche und im Glauben verhaftet ist, hat er mein Gebetsleben in Frage gestellt, mich ermahnt und zum Schluss beide Male ausdrücklich gesegnet. Er hat gehofft, dass ich zu Gott darum bete, er möge mich wieder auf den »richtigen« Pfad, den Pfad der römisch-katholischen Kirche, zurückführen. Das wäre für ihn die Lösung gewesen. Doch für mich war sie es nicht.

Das Gesetz der römisch-katholischen Kirche regelt genau, dass Priester ehelos leben müssen. Gut, ich hätte auch nicht die Heirat angestrebt, aber da war ja noch die Keuschheit. Natürlich wäre eine offene Liebesbeziehung diesem Wort nicht gerecht geworden. Jedenfalls hat der Bischof den Wortlaut des Gesetzes eifrig und absolut korrekt umgesetzt (wenn ein Priester seine Beziehung fortsetzt, erfolgt die Suspension) und mich – wenn auch erst nach einigen Wochen – entlassen. Das ist die Macht kirchlicher Jurisdiktion und Exekutive. Ich hatte gehofft, man könnte gemeinsam nach anderen Wegen suchen. Nach Wegen, wie ich beruflich innerhalb der katholischen Kirche ohne Zölibat tätig sein könnte. Es gibt ja außer dem Priesteramt noch andere Ämter in der katholischen Kirche.

Was dann aber geschah, zerstörte in mir jedes Vertrauen. In Aussicht gestellte Hilfe wurde auf ein Minimum gekürzt. Und ich habe nie eine Antwort auf meine Bitten um einen Gesprächstermin erhalten. Doch das war noch harmlos gegenüber dem, was ich erlebte, als es darum ging, mir eine neue berufliche Zukunft aufzubauen. Vorstellungstermine bei verschiedenen mit der Kirche verbundenen Einrichtungen platzten. Hilflos bedauert mit dem lapidaren Satz: Sie wissen ja, woran es bei Ihnen scheitert! Sogar einfache Vorträge zum Jahr der Bibel wurden kurzfristig storniert: Das Kreisbildungswerk durfte mich nicht als Referenten vermitteln.

Nach meiner Konversion zum evangelischen Glauben erhielt ich die Lehrerlaubnis für evangelische Religionslehre und auch gleich eine Stelle am Adalbert-Stifter-Gymnasium in Passau. Im Religionsunterricht geht es – besonders im evangelischen – in erster Linie um menschliche Themen: um das Zusammenleben, um Gerechtigkeit, um Ethik. Und auch um die Bibel, die ja exakt die gleiche ist. Es geht dort weniger um religiöses Brauchtum, in dem sich katholischer und evangelischer Glauben durchaus unterscheiden, oder um die große, theoretische Frage »Was ist Kirche?«, auf die die katholische und die evangelische Kirche unterschiedliche Antworten haben. Natürlich kannte ich als Theologe auch die Glaubensinhalte der evangelischen Kirche. Man kannte wiederum mich und wusste, der vertritt die Ideale Jesu, der ist fair, menschlich okay, kann mit jungen Leuten umgehen, kann sie motivieren, Stoffe so aufschließen, dass Schüler sie verstehen. Und so gab es keine Hemmungen seitens des Gymnasiums, mich als evangelischen Religionslehrer einzustellen. Das ging wohl zu schnell für meinen katholischen Ex-Bischof. Er brauchte noch drei Wochen, bis er mit dem Hinweis auf eine alte Vereinbarung bei seinem evangelischen Kollegen bewirkte, dass meine Lehrerlaubnis auf das Gebiet *außerhalb* Passaus eingeschränkt wurde. Der katholische Bischof berief sich auf eine »Quasi-Abmachung«, auf die nicht fixierte Erwartungshaltung, die in solchen Fällen eben dazu führt, dass ein Konvertit nicht im gleichen Gebiet wie vorher tätig sein soll.

Eine Machtausübung, die ein klares Licht auf den wirft, der eigentlich Jesu Botschaft von Gnade, Güte, Vergebung und Liebe verkünden sollte. Nicht die hehren Worte offenbaren das Herz eines Menschen, sondern die Taten, denn an den Früchten sollt ihr sie erkennen, empfiehlt schon Jesus. Bezeichnend ist, dass jener Würdenträger bis heute den anfragenden Brief der Schule nicht beantwortet hat, dass er nicht zu sprechen war für die, die kritisch nachforschten. Außer dem Hinweis auf die »stattliche« Summe, die man als gesetzliche Pflicht in die Rentenkasse nachzahlen musste, gab es keine Erklärung dafür, dass man einem Priester, der 15 Jahre engagiert gearbeitet hat, kein bisschen half, einen neuen Beruf zu finden, sondern ihm stattdessen sogar wo es ging, Steine in den Weg legte. Zuerst wurde über viele Jahre stillschweigend akzeptiert, dass ich mit einer Frau zusammenlebte. Damit hatte die Kirche kein Problem, solange es nicht allzu offensichtlich war. Dies gilt ja auch für viele andere Fälle. Doch als ich ihr nun den Rücken kehren musste – aufgrund des unnötigen, überholten Zölibats –, wurde ich nachträglich bestraft, indem meine berufliche Perspektive im Rahmen der evangelischen Kirche sabotiert wurde. Dabei hätte die katholische Kirche durchaus die »Macht« und die Möglichkeiten gehabt, mich bei einer Neuorientierung zu unterstützen oder mich wenigstens nicht zu behindern.

Heilsgeschichten

Nach dem ersten Ansturm der Medien wurde meine Geschichte schnell fast bundesweit bekannt. Dem Bischof gefiel das gar nicht, aber ich konnte nichts dafür. Es waren seine »Vertrauten«, die nicht dichtgehalten hatten; ich schwieg bis zum letzten Tag wie versprochen. Geoutet hatte ich mich erst, als die in Aussicht gestellte Hilfe so mager ausgefallen war und mir bei dem Versuch eines beruflichen Neuanfangs in der evangelischen Kirche immer wieder Knüppel zwischen die Beine geworfen wurden – alles noch dazu immer begründet mit dem kirchlichen Recht.

Diese Geschichte erzürnte auch die Hörer, Zuschauer und Leser. Die Flut an Rückmeldungen war enorm. Zuspruch, aber auch Parallelgeschichten erreichten mich. Lebensgeschichten wurden mir anvertraut, die mir oft die Haare zu Berge stehen ließen. Wie in einer Selbsthilfegruppe fand ich neuen Mut, weil andere Ähnliches und Schlimmeres mit Kirchenvertretern erfahren haben: ausgenutzte Frauen, sitzengelassene Priesterfreundinnen, sexuell Belästigte, Opfer klösterlicher »Erziehung« und viele andere mehr.

Schon als Pfarrer animierte ich Jubilare, ihre Erlebnisse nicht mit ins Grab zu nehmen. Oft hörte ich beim Besuch alter und

kranker Gemeindeglieder: »Ein Buch könnt' ich schreiben!«
Meine Antwort: »Machen Sie es halt! Es lohnt sich!« Was Menschen im Lauf ihrer Jahre für Erfahrungen durchlebten, macht mich immer wieder ehrfürchtig staunend. In meiner Pfarrei Hintereben haben wir zum 100-jährigen Jubiläum der Pfarrei eine Festschrift zusammengestellt, mit vielen Geschichten der Gemeindemitglieder. Diese Schrift lohnte sich auch für die Familien. Viele kamen dadurch wieder ins Gespräch, dass man Alt und Jung zum Reden an einen Tisch brachte. So kann aus einer noch so tragischen Biografie eine Heilsgeschichte werden, die alte Wunden langsam vernarben lässt.

Und ähnlich wirkte sich auch meine mediale Geschichte aus. Erinnern, erzählen, durcharbeiten, hat die Psychotherapie als Heilsweg eingeführt. Was zunächst oft lästig war, half mir letztendlich weiter. Und das vor allem dadurch, dass jede Veröffentlichung mit hilfreichen Tipps und Anfragen belohnt wurde. Schier unzählbar sind die Menschen, die mich auf vielfältigste Weise unterstützten. Der eine hatte dahin Kontakte, der andere vermittelte mich an jene …

Wenn ich heute auf die vergangenen Jahre seit meiner Suspendierung zurückblicke, dann bin ich zutiefst dankbar. So viel Liebe und Lebensintensität blüht dabei in mir auf. Gewiss war auch die Zeit davor eine gefüllte und erfüllte Zeit. Aber das ungewisse Neuland, das ich seit dem 6. Januar 2003 betreten habe, überrascht mich bis heute mit immer neuen Abenteuern, guten Begegnungen und herausfordernden Aufgaben. Der alte dogmatische Spruch »Außerhalb der Kirche kein Heil« hat sich keineswegs bewahrheitet. Für mich war es eher umgekehrt: Heil als belebende Begegnung erfahre ich seit jenen Tagen besonders intensiv. Meine Pfarrei drückte durch viele liebe Gesten, Worte und Geschenke ihre Solidarität mit mir aus. Die neuen Berufsaufgaben neben dem Hausmanndasein brachten mich schließlich vermehrt mit Zeitgenossen zusammen, die ebenfalls außerhalb der Kirche ihr Heil suchten und fanden.

Ob es Trauernde waren oder ein Hochzeitspaar oder jemand anderer – überall erfuhr ich neue Heilsgeschichten. Ich bin nun kein Pfarrer mehr, doch ich werde wie ein Pfarrer angefragt. Und leiste sehr gerne diese Dienste. Zu Hilfe kommt mir dabei meine Erfahrung bei der Ritualgestaltung, die ich innerhalb der Kirche sammeln konnte, aber natürlich auch meine eigene Lebensgeschichte: dass ich selbst den Zauber des Sichverliebens erfahren habe, das Wachsen einer Beziehung, das Überwinden von Hürden und auch das Wagen eines Neuanfangs. Besonders intensive Gespräche hatte ich mit Menschen, die mit mir gemeinsam Pilgerwege gegangen sind, die ich organisiert hatte. Sie fühlten sich angesprochen vom Untertitel: »Selbsterfahrung im Gehen«. In der Überschrift lasen sie: »Hauptsache, dir geht es gut!« Und wer wollte das nicht! Und wer erlebt dabei nicht auch zugleich das Scheitern. Mit heilsamen Geschichten stieß ich ein Nachdenken über den eigenen Lebensweg an, um den nächsten Schritt sicher zu gehen.

Dabei brauche ich die Durststrecken nicht zu verleugnen. Die gab es auch und immer wieder. Der Weg aus dem quasi Beamtentum in die waghalsige Selbständigkeit ist ein steiniger. Aber ich habe auch und gerade jetzt gelernt, die Steine zu lieben.

Die Rolle und das
Selbstverständnis der Priester

Priester sollen sich mit ihrer ehelosen Lebensform vom gemeinen Volk unterscheiden – sie geben ein Zeichen für eine andere, geistliche Welt. Die römische Kirche nennt sich im Glaubensbekenntnis heilig und verweist auf das Jenseits, den Bereich Gottes, der alles Weltliche übersteigt. Darum sollen auch ihre geweihten Mitarbeiter ein geistlicher Stand, Hochwürden und mehr sein. Der gewöhnliche weltliche Mensch lebt als »Laie« in geistlichen Dingen und von daher auch in der Ehe.

Nur: Heute leben auch viele Laien unverheiratet, denn Singlesein ist in. Viele entscheiden sich gegen Kinder und für Karriere, Reisen und ein Luxusleben, das einem kinderlosen Paar, das oft nur auf Zeit zusammen ist, leichter möglich ist.

Der Trend unserer Zeit ist es, sich als etwas Besonderes, Individuelles von den anderen abgrenzen zu wollen. Freilich entdecken die Individualisten dann doch bald – oder könnten es entdecken, wenn sie denn wollten –, dass ihre Individualreise jährlich auch von tausend anderen gebucht, ihre Jeans von weiterer Zehntausend getragen wird und ihre Haarfarbe auch kein Unikat ist. Genauso wenig sind Pfarrer etwas Besonderes, anderes oder gar etwas Geistliches. Unter jeder Soutane steckt ein gewöhnlicher Mann, der Hunger hat, der angesehen sein möchte und der sexuell geprägt ist – vielleicht durch eine enge Mutterbindung ein wenig ödipal. Auch in der Kirche »menschelt« es – das wird oft entschuldigend gesagt; als ob »menscheln« etwas Negatives sei. Was sind das für Leute, die sich in der Kirche tummeln? Da es Brauch ist, Kinder zu taufen, und mit der so begründeten Zugehörigkeit zur Kirche in der Regel eher noch Vorteile verbunden sind, muss es nicht wundern, dass sich dort nicht nur Idealisten der Sache Jesu finden. Auch heute bringt vielerorts die Zugehörigkeit zur Kirche noch diverse Vorteile: Da die Pfarrei oder die Caritas viele Kinderhorte hat, erhält man so eher einen Platz für das Kind. Da dort dann überwiegend Getaufte sind und das Personal auf das Brauchtum der Kirchen Rücksicht nimmt, wird ein Kind, das ausnahmsweise anders ist (nicht-katholisch), eher mal von anderen gehänselt. In der Politik auf Gemeindeebene kommt man schneller voran, wenn man in der Kirche auch noch kleine Ämter ausübt, in Räten, als Lektor in der Kirche etc. Zwar ändert sich das Ganze immer mehr – zumal in den Städten und außerhalb Bayerns –, aber es gibt noch viele katholische Milieus, wo es Seilschaften und Bevorzugungen gibt, wenn man in der Kirche vernetzt ist. Und viele, die von den Idealen Jesu wenig geprägt sind, bleiben einfach so aus Gewohnheit in der Kirche.

Doch auch in ihren Kaderschmieden finden sich völlig unterschiedliche Typen. Viele sind fasziniert von der Feierlichkeit und der Erhabenheit der Gottesdienste, wollen selbst da ganz vorn dabei und jemand ganz Wichtiger sein. Schon als Ministrant waren sie verzaubert vom Glanz der Liturgie und der herausgehobenen Rolle, die ein Geistlicher erhält. Andere geben vor, sie wollen ganz für die Menschen da sein, und übersehen dabei vielleicht, dass ein Altenpfleger das auch tut, nur dass der um einiges weniger Geld verdient und weniger Ansehen genießt. Manche wollen eine Gemeinde leiten, also Macht besitzen, die über den Weg der Politik viel schwieriger zu ergattern ist. Einige sagen, sie wollen Gott dienen, ohne genau zu wissen, womit dies denn am besten geschieht. Allerdings gefällt ihnen der strenge Weg des Verzichts und Gebets in einem Kloster nicht.

Mit Interesse habe ich vor Jahren Eugen Drewermanns Studie ›Kleriker – Psychogramm eines Ideals‹ gelesen. Er untersucht darin, welche Grundeinstellungen dazu führen, dass jemand Gehorsam, Armut und Ehelosigkeit wählt. Dabei konstatiert er Bezüge zu frühkindlichen Erfahrungen, einer schwierigen Vaterbeziehung, einer Idealisierung erlebten Mangels, einer verkorksten Sexualität. In der analen, oralen und ödipalen Phase seien die Weichen gestellt worden. Ziemlich offensichtlich scheint mir jedenfalls die Obrigkeitshörigkeit der deutschen Geistlichkeit zu sein; kirchlich heißt dies »Gehorsam«. Entweder sie wissen um ihre Persönlichkeit noch sehr wenig, haben diese noch wenig entfaltet oder sie fügen sich aus anderen Gründen darein, nur das zu wollen und zu tun, was die Vorgesetzten vorgeben. Zwar wird auch hier behauptet, man handle »in persona Christi«, schlüpfe gleichsam in seine Rolle wie in das Messgewand, und habe nicht sich und seine Überzeugung zu verkünden, sondern das, was die Kirche als Ganzes von Christus zu verkünden beauftragt sei. Trotzdem hört man dann doch allenthalben, dass der eine Pfarrer das so, der andere es dagegen ganz anders handhabt und man sich als Gemeindemitglied dadurch der Willkür eines geistlichen Lokalfürsten unterordnen muss.

Sicher muss in jedem Unternehmen die gemeinsame Linie von allen einheitlich nach außen erkennbar gemacht werden. Gehorsam gehört zu jeder großen Firmenstruktur. Doch das

Wort Gehorsam – so habe ich es in meiner Zeit im Kloster Andechs gelernt – sagt selbst, worum es geht: um das Horchen. Die Vorsilbe »Ge-« meint immer ein umfassendes Ganzes, wie den Berg und das Gebirge, das Wasser und das Gewässer. Und das »-horsam« kommt vom horchen, hören. Gehorsam als zentrales Wort der Ordensregel der Benediktiner meint die Kunst, umfassend aufeinander zu hören.

Mag schon sein, dass in manchen Unternehmen eine strenge Befehl-Gehorsam-Struktur herrscht und kein Zuhören von oben erfolgt, dafür ein Kuschen von unten, doch soll ja gerade in der Kirche laut Jesus manches anders sein. Auch wenn der Pfarrer in Priestertracht geht und bei der Messe seine Stimme hinter pastoralen Tönen verschwinden lässt, so muss er auf diese Weise nicht einfach ein Sprachrohr für die Kirchenleitung sein. Er sollte in seiner Art zu leben auf Jesus hören und im Handeln das verkünden, was er von Jesus verstanden hat, sicher im Dialog mit den anderen Gläubigen und denen, die durch ihre Ämter im Austausch stehen mit der welt- und zeitumspannenden Gemeinschaft der Glaubenden.

Gegen das düstere Priestergewand hatte ich mich immer gewehrt. Ich war ungehorsam gegen diese Normierung, weil es mir schien, als wolle man sich mit dieser schwarzen Einheitskleidung vor allem Vorteile verschaffen, Beachtung hervorrufen und Ehrfurcht einflößen. Auffallen wollte ich nicht als eine Art Museumsstück einer Zeit, in der »Hochwürden« verehrt wurden, sondern durch die Art und Weise, wie ich mit den Menschen und unserer gemeinsamen Welt umgehe. »Gehorsam« in der Kleidungsfrage könnte auch bedeuten, dass man unter den Mitarbeitern den Dialog darüber in Gang bringt und nicht per Dekret eine Einheitlichkeit erzwingt.

Der Eindruck vertieft sich bei mir immer mehr, dass viele den Gehorsam deshalb wählen, weil sie sich hinter einem großen Starken verbergen können. Erst wenn der große Vorsitzende sich deutlich in eine Richtung bewegt, trauen sich einzelne Bischöfe aus der Deckung und deuten vorsichtig an, dass sie diesen Wandel ähnlich sehen könnten. So abwartend formulieren sie, weil sie fürchten, dass der große Boss eventuell doch nicht lang am Ruder sein wird und dann die bisher auf die alte Linie eingeschworenen Mitbrüder das Schiff wieder herumreißen. Ich denke da an Jesu Frage an Petrus: Für wen hältst du mich? Und er versteckt sich: »Die einen halten dich für ..., die andern für ...« Viele Priester haben wie Petrus – vermute ich – nicht den Mut zu sagen, wovon sie im Herzen überzeugt sind, oder sie haben keine Überzeugung inhaltlicher Art, weil es ihnen primär um eine berufliche Position geht, der sie andere Überzeugungen unterordnen.

Wenn ich heute zu rekonstruieren versuche, was mich denn schon mit fünf Jahren vom Priesterberuf schwärmen ließ, dann hat das nichts damit zu tun, wie die Kirche ihn definiert. Ich war von unserem damaligen kinderlieben Pfarrer begeistert. Und ich hatte Angst vor dem großen Gott und glaubte, wenn ich diesen Weg gehe, dann mag der mich sicher. Mich beeindruckten die Gottesdienste in unserer riesigen Kirche, dass Gott da für alle ganz wichtig war, dass Gott uns zu sich um den Altar kommen ließ und überhaupt diese gigantische Atmosphäre mit Gesängen und Weihrauch.

Ich wuchs hinein, lernte andere Leute innerhalb der Kirche kennen, die mir auch sympathisch waren, bekam für meine Nachfragen plausible Antworten, erlebte eine Vielfalt von Charakteren in Amt und Würden und dachte, da wird auch für mich mit meinen Werten, meiner Art, meinen Ideen ein Plätzchen sein. Interessant fand ich, in einem breit angelegten Studium auch die Dinge erklärt zu bekommen, die ich noch nicht verstand. Und last not least schwärmte ich von Franz von

Assisi, der am Fuß einer Kapellenruine träumte: Bau diese Kirche wieder auf! Das war mein Hauptantrieb. Die Kirche nach Jesu Idee wieder zu sanieren. Bedarf gab es genug dafür. Zumal bei dem Armutsgelübde.

Was ein Priester verdient, lernte ich erst auf meinem ersten Gehaltszettel kennen. Zwar in den Anfangsjahren als Kaplan noch nicht so viel, aber mit Haushälterin lebte es sich gar nicht schlecht. Welcher Berufsanfänger kann sich denn schon eine Vollzeithaushaltshilfe leisten? Von den Gemeindemitgliedern wurde ich als neuer Pfarrer reich beschenkt und so war meine neue Wohnung in kurzer Zeit ausgestattet. Den Witz des Volksmundes kapierte ich schnell: Was hat ein Pfarrer mit der Salzsäure gemein? Beides frisst sich überall durch. Es ist klar, dass ein Pfarrer gemessen an Bankmanagern wenig verdient, gemessen an einfachen Arbeitern, deren es in meiner Gemeinde sehr viele gab, allerdings sehr viel. Da ein Pfarrer normalerweise ja keine Familie versorgen muss, könnten die Oberen auf die Einhaltung des Armutsversprechens mehr Augenmerk legen.

Auch wenn heute meine Mühe meiner Familie und ihretwegen auch meinem Beruf gilt, interessieren mich die Vorgänge in der Kirche. Auch wenn ich aus ihr austrat und von ihren Negativschlagzeilen durch Interessentenzulauf profitiere, träume ich meinen alten Traum von einer Kirche, die dem Wohl der Menschen und ihrer Zukunft in einer heileren Welt dient. Die Idee Jesu hat mich gepackt, ein Franz von Assisi gefesselt und ein Papst nach seinem Namen mir neuen Mut gemacht. Aber ich weiß, dass in diesem Milliardenkonzern auch viele andere an den Schaltstellen sitzen. Wie hat dieser Papst Franziskus den Marsch durch die Institutionen geschafft, ohne verkrüppelt oben anzukommen? Darf man von allen Mitarbeitern so ein Heldentum erwarten? Und wird er die Doktrin, die Struktur der Kirche in den Jahren, die ihm bleiben, so verändern können, dass diese Kirche in Jesu Worten eine leuchtende Stadt auf dem Berg wird?

Diese Kirche ist extrem hierarchisch gegliedert, der Papst unfehlbar, eine fromme Diktatur. Genau dies wollte Jesus mit der Schlüsselübergabe an Petrus nicht und sagte: Wer bei euch der Größte sein will, der sei der Diener aller. Welchen Zielen sollen demnach die Kirche und in ihr die Kleriker dienen? Bevor Jesus einen Kranken heilt, fragt er ihn: Was soll ich dir tun? Als wüsste er nicht, was der braucht. Die Kirche meint dagegen sehr oft zu wissen, was die anderen brauchen. Fraglos ist unsere Welt heilungsbedürftig, es liegt viel im Argen. Jetzt könnte die Kirche genau hier fragen: Wozu können wir euch dienen? Stattdessen geht sie sehr missionarisch auf die Welt zu und drängt oft ungefragt anderen das auf, was sie meint, das die anderen tun sollen. Als besserwisserische Institution versucht sie zu dominieren statt zu dienen. Anstatt sich ihrer Macht wie ihre Leitfigur Jesus Christus zu entäußern, setzt sie auf vom Römerreich übernommene Machtmöglichkeiten.

Jesus hat keine Kirchenchöre gegründet, keine Orgeln gebaut und keine Kathedralen errichtet, sondern sein Brot mit den Hungernden geteilt. Er hat keine Dogmatik erfunden, keine Lehrbücher verfasst und Museen verwaltet, sondern für eine bessere Zukunft konkret angepackt und gehandelt. Der beste Gottesdienst besteht nicht in einer feierlichen Liturgie, sondern darin, dass einer, der unter die Räuber fiel, wieder auf die Beine kommt. Die deutlichste Verkündigung besteht nicht in einer kapriziösen Ansprache, sondern darin, dass einem, der nicht mehr weiterweiß, Mut zugesprochen wird. Was ein Priester ist, wenn er in der Person Jesu Christi an der Spitze einer Gemeinde steht, entscheidet sich nicht am Altar, an seinem Gewand oder den komplizierten theologischen Phrasen, die er erklären kann.

Viele fragen nach echten Seelsorgern. Also Therapeuten ohne Psychologiestudium, eine Art verständnisvolle Friseure für Fromme? Gut bezahlte Zuhörer, die relativ neutral mit gesundem Menschenverstand, ohne im Dorftratsch aktiv zu sein, einem Ratsuchenden helfen, einen Weg zu finden? Wieso muss so eine Person ein Mann, arm, unverheiratet, Theologe, etc. sein? Sind geweihte ehelose Männer spiritueller, kennen die Weisheiten des Lebens besser, sind gelassener und ausgeglichener, weil sie viel Zeit den frommen Büchern widmen? Ich denke nicht.

Es ist wenig nachvollziehbar, als Zentralanforderung für die Priesterrolle die Ehelosigkeit zu postulieren. Während das stimmig auf Jesus rückführbare Ideal eines armen und bescheidenen Lebens kaum kontrolliert wird, nützt Gehorsamkeit sowohl den willenlosen Untergebenen als auch den willkürlichen Herrschern. Ein signifikantes Anderssein gegenüber der herrschenden Welt wird dabei jedoch kaum erkennbar, es sei denn, man macht dies an der Kleiderordnung fest.

Freie Kirchlichkeit

Die Berufsbezeichnung »freier Theologe« ist eine Notlösung, weil sie zum einen nur den Studiengang nennt, der diesem Beruf zugrunde liegt, zum anderen weil sie sich nur in Abgrenzung definiert. Ich bin ein Gestalter und »Dirigent« von Ritualen, die sich an der Biografie der Auftraggeber ausrichten. Ich bin ein Seelsorger, der wohl aus dem Lebenswissen der christlichen Tradition schöpfen, diesen Fundus aber mit anderen Weltsichten verknüpfen und neu deuten kann. Ich bin nicht im Auftrag einer Institution unterwegs, die andere zur Übernahme ihrer starren Sicht bewegen will. Das Problem der katholischen Kirche ist, dass viele ihrer Mitglieder die Maßgaben der Kirchenleitung nicht mehr verstehen. Es gibt viele christlich orientierte Menschen, die nach bewährten und für unseren Kulturkreis plausiblen Deutungen, Hilfestellungen und Ritualen suchen, denen aber vielfach Sprache und Denkform der bestehenden Kirchen nicht helfen. Hier tut sich also eine Lücke auf.

Ich sehe den freien Priester nicht als jenseitskundigen, sondern als lebenskundigen, als erfahrenen und weisen Menschen, nicht als Moralist, ich sehe ihn als einen, der zuhört und Verständnis aufbringt, der Mut zuspricht und führen kann, ohne sich selbst in den Mittelpunkt zu rücken. Man könnte auch sagen, als eine Persönlichkeit, der man vertraut in den Dingen, die die Kunst der Lebensführung betreffen.

Das eigene Leben zu reflektieren, tradierte Lebensweisheit zu interpretieren und empathisch kommunizieren zu können, scheinen mir die Grundanforderungen für ein freies Seelsorgekonzept zu sein. Ein Psychologe vermag Störungen in der Befindlichkeit zu diagnostizieren und dafür als Therapeut Hilfestellung anzubieten. Ein Entertainer vermag Events eindrucksvoll zu gestalten und rhetorisch versiert Ereignissen einen Rahmen zu geben. Ein Philosoph vermag Weltdeutungen anderer Zeiten den Menschen von heute zu erklären und kritisch Zeitvorgänge zu durchleuchten. Ein Mönch vermag seine spirituelle Lebensweise anderen nahe zu bringen und gelassen in den Stürmen der Zeit zu bleiben. Ein freier Theologe hat von all diesen Fähigkeiten ein bisschen etwas.

Ich sehe eine Ähnlichkeit zwischen uns freien Priestern und den Mandatsträgern der »freien Wähler«, die sich inhaltlich auch nicht eindeutig einer politischen Richtung zuordnen lassen. Da gibt es konservative und liberale, sozialdemokratische und ökologisch orientierte Persönlichkeiten, die je für sich ein Profil haben, aber sich weder in der einen noch der anderen etablierten Partei wiederfinden. Wahrscheinlich wäre es auch in unserem Bereich den Versuch wert, eine Art Netzwerk freier Theologen zu knüpfen, in dem jede Persönlichkeit in ihrer Eigenart erscheint und der Orientierungssuchende sowohl regional als auch inhaltlich ein für ihn passendes Gegenüber findet.

Die Vorstellung, dass in Weltanschauungs- und Seelsorgefragen neben den bisherigen etablierten »Marken« auch neue Anbieter auftreten, halte ich für bereichernd. Natürlich kommt es auch in der Branche der Lebensberater und Zeremoniare zu einem gewissen Konkurrenzkampf. Bisweilen mag manch einer behaupten, die beste Sicht und Verhaltensweise zu besitzen. Schon allein die Abgrenzung z. B. von der katholischen Kirche wertet diese ja als weniger brauchbar ab, auch wenn es zunächst nur ein Sichfreischwimmen von der katholischen Praxis und Theorie ist. Eine Pluralität an Ansichten zu akzeptieren fällt generell nicht leicht. Dabei geht es nur darum zu akzeptieren, dass Menschen verschieden denken, unterschiedlich geprägt sind, ein ganz bestimmtes Naturell besitzen und damit eine Vielfalt an nicht deckungsgleichen Gedanken über die Welt und das Leben haben. Das Wort Toleranz sagt nicht nur, dass ich einen anderen wohl oder übel dulde, sondern ihn achte und respektiere in der Überzeugung, dass er aus einem guten Grund anders empfindet. So etwas impliziert dann den Umkehrschluss, dass auch der andere um die Relativität seiner Sichtweise weiß und mich in meiner Andersheit mit Interesse und ohne Abwertung wertschätzt.

In dieser Fähigkeit, sich selbst relativieren zu können, liegt etwas für die Welt unendlich Heilsames. Entgegen jedem Fanatismus kann mir das Meine sehr gefallen und ich kann mich dafür stark machen, jedoch immer mit dem Respekt vor anderem, weil es keine endgültige Erkenntnis über ein allein stimmiges Lebensmodell gibt. Ich kann für mich überzeugt sein, dass der FC Bayern die beste Mannschaft ist, und die Anhänger anderer Fußballvereine trotzdem achten. Ich kann begeistert Rockmusik hören und Klassikliebhaber ebenso respektieren. Es kann ein SPD-Minister mit einem aus der CDU konstruktiv in einer Regierung zusammenarbeiten.

Die Freiheit des einen wird immer an der Freiheit des anderen ihre Grenze finden. Unsere Gesellschaft hat einen Grundkonsens, der ein Zusammenleben von Menschen verschiedener Wertorientierung ermöglicht. Detailfragen lassen sich klären. So zum Beispiel, wenn es um die Nutzung von Gebäuden geht. Können Katholiken oder Protestanten ihre Gotteshäuser auch für freie Rituale zur Verfügung stellen?

Da für Katholiken die Kirche als der Leib Christi mit der Feier der Eucharistie verknüpft ist, hat dieser Gottesdienstraum, in dem oft auch die konsekrierten Hostien aufbewahrt werden, eine besondere Wertigkeit. Ihn für Rituale anzubieten, bei denen wesentliche Glaubensüberzeugungen der Katholiken keine Rolle spielen, scheint unmöglich. Da greifen weder finanzielle Argumente noch die Tatsache, dass der Raum sonst ja auch nur leer steht. Seltsamerweise fragt kaum jemand eine freie Nutzung von Moscheen nach, die für »Ungläubige« wahrscheinlich auch nicht denkbar wäre. Ein altehrwürdiger, christlich geprägter Sakralraum bedeutet hingegen auch vielen Menschen noch etwas, die eine freie Zeremonie wünschen. »Entweihte« Kapellen – von denen es aber nicht viele gibt – sind beliebte Orte für freie Trauungen. Bei Abschiedsfeiern hat man sich dagegen zunehmend daran gewöhnt, dass sie in unsakralen Trauerhallen stattfinden, obgleich es davon auch mehr geben könnte, damit Wind und Wetter nicht die Bewegung des Herzens blockieren.

Doch lehrt mich meine Erfahrung, dass sich die Raumfrage schon mit etwas gutem Willen lösen lässt. Wichtiger scheint mir das Thema: Wie viel Freiraum können die Großkirchen intern gewähren, ohne ihr Markenprofil zu verwässern? Zunächst gibt es ja ein ungeheuer breites Feld an Weltdeutungen und Lebensführungen in den Köpfen und Herzen der Menschen. Die katholische Kirche stellt dahinein mit ihrer Doktrin ein relativ klar markiertes Modell. Ihre Gelehrten und Amtsträger versuchen, dies in der ihr innewohnenden Logik und Systematik pointiert darzustellen und von anderen Denkmodellen abzugrenzen. Somit ergibt sich eine Diskussionsgrundlage, an der Einzelne und Weltanschauungsgruppierungen sich reiben und ihren Blick schärfen können. Zweifelsohne leben heute viele Menschen ohne eine klar durchdachte Philosophie, und viele, die auf eine solche verweisen, haben diese noch wenig kritisch geprüft. Andererseits hat sich auch die heute so prägnante katholische Weltsicht immer wieder an den Weltdeutungen der Kulturen weiterentwickelt, denen sie begegnet ist. Solche Entwicklungen setzen stets interne Öffnungen voraus und werfen das Problem auf, wie weit diese gehen können.

Kirchen mit dem Begriff einer Marke zu versehen, erscheint mir durchaus hilfreich, um auf dem Markt der Weltanschauungen signifikant wahrgenommen zu werden. Katholisch steht in meinen Augen für eine an den Traditionen orientierte, hierarchisch strukturierte, auf anschauliche Riten ausgerichtete und weltumspannende Glaubensgemeinschaft. Evangelisch ist für mich eine eher rational und dialogisch orientierte Glaubenssicht, die aus den biblischen Wurzeln heraus jeweils modernes Daseinsverständnis in den Blick nimmt.

Die freien Theologen befinden sich irgendwo dazwischen. Sie haben Kunden oder Freundeskreise auf Grund ihrer persönlichen Ausstrahlung. Und genau diese persönliche Ausstrahlung scheint mir ein Schlüssel für das Verständnis von Religionen zu sein. Persönlichkeitstypologien sind schon uralt. Gemütliche, kämpferische, trübsinnige oder ordnungsliebende, gemeinschaftsorientierte oder individualistische, chaotische und vielseitige, obrigkeitshörige oder alternative – die Menschen lassen sich entsprechend ihrem Naturell und Charakter typologisieren. Wie viel davon jeweils über das Erbgut in die Wiege gelegt wurde oder später über Erziehung und andere Begegnungen in die Persönlichkeit hineinwanderte, muss gar nicht entschieden werden. Je nach Typ wird einer Gebet, Ritual, Gemeinschaft etc. anders bewerten. Und so kann man zu Persönlichkeiten oder Ansichten eine Affinität haben oder sie ablehnen. Erstaunlicherweise konnte ich mit einem erzkonservativen, aber herzlichen und gemütlichen Studienkollegen weitaus bessere Gespräche führen als mit Kommilitonen, die sich fortschrittlich gaben, aber sehr bissig auftraten. Mit einem meiner Chefs, der mir als ultraprogressiver Pfarrer theologisch nahe stand, lag ich menschlich im Dauerstreit, einfach weil sein Typ mit meinem kollidierte.

Als ich selbst evangelisch wurde, waren es nicht die theologischen Ansichten, die mir Schwierigkeiten bereitet haben, sondern die Gebräuche, die Sprache und die Lebenskultur. Meine Frau, die evangelisch ist und der damit der Karfreitag bedeutsam war, konnte sich wiederum mit der pompösen katholischen Kreuzesliturgie nie anfreunden, wie ihr überhaupt die vielen Bekreuzigungen fremd blieben.

Religionen sind gewachsene und weiter wachsende Kulturformen des Lebens. Die kulturelle Pluralität, auf die Religionen heutzutage treffen, stellt diese vor erhebliche Herausforderungen. Der Rückzug ins Nostalgische entspricht dem Persönlichkeitstyp vieler religiöser Führungsfiguren, jedoch nicht dem Aufbruchsgedanken der frühen christlichen Missionare. Während diese aber noch Neuland vor sich hatten, treffen heutige Kirchenfunktionäre auf eine Erwartungshaltung, die durch ihre Vorgänger meist konservativ geprägt war. Und zweifellos gibt es in unserer schnelllebigen, pragmatischen heutigen Welt eine starke Sehnsucht nach Stabilem, Altehrwürdigem, Ruhigem, das Zeit zum Atmen lässt und die sonst so erfolgsorientierte Seele zu einem größeren und damit »transzendenten« Horizont aufblicken lässt. Gerade hier nicht wieder nüchtern rationalisieren und angestrengt nachdenken zu müssen, wünschen sich viele, die einen heiligen Raum suchen, einen Raum, der ihnen sagt: Du bist auch wertvoll, wenn du schwach, müde, erfolglos und erschöpft bist.

Ich deute so auch das zahlenmäßige Schrumpfen der evangelischen Kirche. Ihr rationales, politisches, kämpferisches Wesen erquickt die Seele zu wenig – um in deren eigenem, antiquiertem Wortgewand zu bleiben. Die katholische Kirche mit ihren Barockkirchen und Mozartklängen verzaubert den gejagten Menschen schon eher. Hier sind es eher Skandale und Machtallüren, die zum Austritt bewegen, ohne damit Atheisten zu erzeugen. Gerade diese Menschen werden bei den freien Theologen fündig: Sie schätzen deren rituelle Kompetenz und deren Geschick, Glaubens- als Lebensthemen zu artikulieren.

Eine »Religion light«, die wie ein Softdrink nur Wellness für die Seele bietet, ist das nicht. Eher schon begegnen die freien Theologen dem Anspruch, argumentativ gut begründet sein zu müssen und im Dialog standzuhalten. Eine kompetente Person zum Anfassen zu haben, der man sich rituell wie seelsorglich anvertrauen kann, weil man sich auf einer Wellenlänge sieht – das ist es wohl, was man an den freien Theologen so schätzt.

Dazu gehört meist auch, dass sich der freie Theologe gut zu erkennen gibt – auch als einer, der Partnerschaft und eventuell Familie lebt. Der Beruf ist wichtig und nicht nur Gelderwerb. Aber noch wichtiger ist der von Erwartungen angefüllte Bereich der Partnerschaft und der Familie. Einer, der diese Erfahrung nicht teilt, erscheint wie ein Mann, der vom Zauber und dem Wunder von Schwangerschaft und Geburt schwärmt – unglaubwürdig und inkompetent. Solche Wüstenbewohner, die lehren, wie man im Meer schwimmen kann, gibt es genug in den Kirchen. Fallschirmexperten, die noch nicht mal ihr Entennest am sicheren Boden der Kirche verlassen haben, glaubt man nicht, wenn sie empfehlen, sich in Gottes Hände hineinfallen zu lassen. Wahrscheinlich haben deshalb schon die biblischen Autoren Wert darauf gelegt, dass nur der, der einer Familie gut vorstehen kann, dies auch einer Gemeinde gegenüber tun kann.

Ein freier Theologe ist meist an keine Gemeinde, dafür an eine Familie gebunden – obgleich ich es auch sehr schätze, in meiner ehemaligen Kirchengemeinde eine große Rückbindung zu erleben. Kirchen haben es so an sich, sich für heilsnotwendig zu erachten, und es ist gewiss auch schön, in einer konkreten Gemeinschaft verortet zu sein. Heimat ist ein Begriff, der für viele mit großer positiver Emotion aufgeladen ist: irgendwohin zu gehören, bekannt zu sein, geschätzt zu werden, ein vertrautes und sicheres Gefühl zu haben. In Zeiten hoher beruflicher Mobilität und freizeitlicher Reiselust sehnen sich viele nach mehr als einem Basislager. Mir gefallen zwar die schroffen Alpen, das weite Meer und historische Städte, aber daheim bin ich im Bayerischen Wald, dessen sanfte Reliefenergie mir seit Kindertagen ans Herz gewachsen ist, wo ich den Menschenschlag einzuschätzen weiß und wo ich den Duft der Wälder in den ausgeprägten Jahreszeiten atme. Vielleicht aber genügt anderen als Heimat ein Freundeskreis ohne regionalen Bezug, ein Freundeskreis, der die Funktion einer Gemeinde übernimmt. Dort kann man feiern, diskutieren, sich engagieren und die berufliche Rolle hintanstellen.

Als Ortspfarrer erlebte ich mit, wie aus Kindern Erwachsene wurden, wie Familien untereinander vernetzt waren, wie die Menschen konkret lebten. Heute begegne ich vielen interessanten Menschen zu einem Vorgespräch, dann zu einem Ritual, dann vielleicht noch bei einem anschließenden Mahl und dann kaum mehr. Es sei denn, ein Brautpaar holt mich auch bei einem späteren Geburtsfest wieder oder braucht mich, wenn es ein Familienmitglied zu bestatten gilt. Immer mehr macht sich auch der Werbeerfolg einer gelungenen Zeremonie bemerkbar und ich treffe im Jahr darauf bei der Hochzeit von Freunden das Paar aus dem vergangenen Jahr wieder. Trotzdem bleiben es in der Regel nur lose Kontakte. Gern würde ich bisweilen Paare öfter treffen und mehr besprechen, aber allein schon die Distanzen machen es schwierig. Eine Gemeinde entwickelt sich aus diesen Dienstleistungen nicht, höchstens eine Art Fanclub, der von einem schwärmt. Eine Kirchlichkeit im Sinne einer flächendeckenden Struktur entsteht durch uns freie Theologen auch nicht, höchstens ein loser Zusammenschluss von religiösen oder rituellen Dienstleistern, die Menschen durch ihre jeweilige Eigenart in Bann ziehen.

Eine richtige Kirchenspaltung wie im Gefolge Martin Luthers brauchen die Großkirchen durch unsereinen also nicht zu fürchten. Und diese Orientierung an einzelnen Dienstleistungen macht es auch uns freien Theologen leichter. Fänden meine vierzig Hochzeiten im Jahr immer im gleichen sozialen und regionalen Umfeld statt, würde sicherlich eine gewisse Standardisierung auftreten. Wahrscheinlich gelingt es keinem, im Jahr vierzig völlig unterschiedliche Hochzeiten oder 150 gänzlich individuelle Abschiedsfeiern zu kreieren, abgesehen davon, dass das aus einem Ritual eine Show machen würde, was wiederum die Interessenten meistens nicht wünschen. Doch durch immer neue Teilnehmerkreise ist es möglich, auch bei dieser Vielzahl der Rituale immer neu zu begeistern, zumal jeder Zeremoniar mit seiner Persönlichkeit und jedes Paar oder jede geehrte Person durch ihre besondere (gemeinsame) Geschichte den Charakter der Feier prägt.

Gretchenfrage

»Nun sag, wie hast du's mit der Religion? Du bist ein herzlich guter Mann, allein ich glaub, du hältst nicht viel davon.« Wie Dr. Faustus möchte ich ebenfalls in der Antwort auf die Frage nach der Religion differenzieren. Es gilt zu unterscheiden zwischen Glauben und Kirche. Ja, noch genauer: zwischen dem, was ich als Grundlage meines Lebens voraussetze, und offiziellen Glaubensinhalten, also zwischen der Tätigkeit »glauben« und dem Inhalt »Glaube« auf der einen Seite. Und eine weitere Unterscheidung betrifft die Kirchen, Religionsgemeinschaften und religiösen Sozialsysteme. Angesichts der Gefahr, dass bei solchen Spekulationen nicht nur Goethes Gretchen aus der Diskussion aussteigt, möchte ich nicht zu spitzfindig und abstrakt werden.

Ich »glaube« der Wettervorhersage und packe vorsichtshalber die warmen Sachen ein. »Ich glaub an dich, Schatz, du schaffst die Prüfung schon!«, sage ich meiner Tochter. Ich »glaube«, dass zuvorkommend, fair, hilfsbereit und freundlich zu sein, sich langfristig bewährt. Bei dem Bekenntnis »ich glaube an Gott« werde ich jedoch wackelig, allein schon, weil das Wort »Gott« alles andere als eindeutig ist. Ich vertraue dem Leben, auch wenn ich fast täglich wahrnehme, wie grausam es in der Welt zugeht. Weil es uns ja relativ gut geht, haben meine Frau und ich Kindern das Leben geschenkt und hoffen, dass sie lebenslänglich froh darüber sind, leben zu dürfen. Aber wie wäre es, wenn ich in einem der Krisengebiete der Welt leben würde? Manchmal kann ich nachvollziehen, wenn Menschen sagen, ich will nicht mehr leben, und dies dann auch realisieren. Sie glauben, dass *nicht* mehr da zu sein besser ist, als da zu sein.

Solche Überzeugungen sind von ganz anderer Qualität als katholische Glaubensinhalte der Art, dass dieser Gott dreifaltig ist oder dass er Himmel und Erde erschaffen hat. Früher habe ich diese Ideen nicht in Frage gestellt, doch heute fällt es mir schwer zu erkennen, welche Bedeutung solche Glaubensinhalte für das konkrete Leben haben. Geht denn zwangsläufig derjenige achtsamer mit der Welt um, der glaubt, dass Gott sie erschaffen hat, als derjenige, der freudig staunt, in welch einem Umfeld er leben darf? Die Geschichte beweist, dass selbst im Namen des Glaubens an der Welt Raubbau betrieben wurde und Menschen versklavt wurden.

Sätze, die nicht automatisch und logisch eine bestimmte Konsequenz nach sich ziehen, die also genauso angenommen wie abgelehnt werden können, kann man auch streichen. Sie dienen in erster Linie zur Kaschierung von Machtkämpfen ganz anderer Art. Ob ich mir wünsche oder sogar davon überzeugt bin, dass mein Ich in einer irgendwie transformierten Weise nach dem Tod weiterlebt, hängt davon ab, welche Konsequenzen diese Überzeugung für mein aktuelles Tun und Lassen hat. Macht es mich unbekümmert, weil ich die Dinge, die ich jetzt nicht mehr schaffe, dann ja immer noch tun kann? Macht es mich mutig, mein derzeitiges Leben aufs Spiel zu setzen, weil sowieso ein nächstes kommt? Oder finde ich es nur schade, weil ich so manchem Verstorbenen gern noch mal begegnen und manches sagen würde? Ich glaube (d. h. vermute), viele sagen »ich glaube« ohne nachzudenken, was sie da sagen und damit meinen. Menschen mit ähnlichen Überzeugungen schließen sich zusammen. Und anders herum: Menschengruppen brauchen ähnliche Überzeugungen, bilden diese aus und fordern sie ein. Vielleicht lassen sich so auch Religionsgemeinschaften erklären. Wahrscheinlich klappt das Miteinander in sozialen Gruppen besser, wenn man nicht nur ähnlich spricht und sich somit gut versteht, sondern auch ähnlich lebt und daher ähnliche Wertsysteme zu Grunde liegen. Dass die Zeit überschaubarer Stammessippen längst hinter uns liegt, machte solche Wert- und Weltanschauungsgemeinschaften durchaus nicht überflüssig. Staaten, Kulturräume waren christlich, muslimisch, hinduistisch etc. geprägt und das sorgte innerhalb dieser Regionen für Zusammenhalt. Weltliche und geistliche Obere rangen immer wieder um die Vorherrschaft oder sie teilten sich die Macht. Aufklärung, Demokratisierung und Globalisierung rütteln immer mehr daran und die Frage nach der Religion wird immer weniger eine nach der Unterordnung unter die Vorgaben einer erlernten Religionsgemeinschaft. Es müssen sich vielmehr deren moralische und strukturelle Vorgaben vor der Kritik der Vernunft rechtfertigen. Religiöse Autoritäten, die im Namen des nur für sie einsehbaren Gottes Forderungen aufstellen, finden nur noch bei streng Obrigkeitshörigen Anklang.

Dennoch prägen die Kirchen unser Land deutlich, nicht nur optisch durch ihre Architektur, auch inhaltlich durch ihren Einfluss auf das öffentliche Leben. Während die evangelische Kirchengemeinschaft eher demokratisch strukturiert ist, versteht sich die römisch-katholische Amtskirche als eine von Gott beauftragte Institution, in der der Papst oder bestenfalls noch die Gemeinschaft der Bischöfe von oben herab Gottes Weisungen an das Volk weitergeben. Sie hebt den Stand der gottgeweihten Kleriker als Hochwürden von dem der Laien ab, nennt sich die »heilige« katholische Kirche und umgibt sich mit mystisch-mysteriösem Glanz, um das Sündige, Profane, Weltliche abzuwerten.

Keiner dementiert dogmatische Sätze wie: außerhalb der Kirche kein Heil, doch wenn man als Insider einen Blick hinter die Kulisse dieser erhabenen Sonderwelt wirft und den Alltag erlebt, entzaubert dies den heiligen Schein. Mir scheint, dass die Verpflichtung zum ehelosen Leben auch diesem Schein dienen soll: Wir Geistliche sind anders als ihr normalen Menschen.

Viele dieser sogenannten normalen Menschen haben Interesse an dem Blick hinter die Kulissen derer, die als besondere Schicht gehandelt werden oder sich als solche abheben wollen: an Fußballprofis, Künstlern, Adligen, Geistlichen etc. Sie werden bestaunt, bewundert, beneidet, als Vorbilder gesehen. Autoritäten werden aber aus gutem Grund auch hinterfragt. Es geht um die Glaubwürdigkeit ihrer Erlasse, ihres Lebens. Ein Normverstoß eines Menschen im Rampenlicht kann den eigenen Normverstoß weniger schlimm erscheinen lassen.

Weniger Menschen, als man vermuten könnte, verlassen die Kirchen. Sicher gehen immer weniger zu den Gottesdiensten, aber auszutreten, also sich der Kirchensteuerpflicht zu entziehen, wagen sie dann doch nicht. Manche möchten das soziale und kulturelle Tun der Kirchen mit ihrem Beitrag gefördert wissen. Andere sehen die Mitgliedschaft als eine Art kulturellen Brauchtumsverein, dem man einfach angehört. Und manche haben eine Heidenangst, dass einem Austritt eine göttliche Strafe folgen könnte. Ein Gott, den man sonst eigentlich nicht besonders wichtig nimmt, könnte dergestalt sein, dass er diejenigen, die ihren Kirchensteuerbeitrag nicht mehr leisten wollen, mit irdischen Schicksalsschlägen züchtigt und ihnen schlimmstenfalls das paradiesische Jenseits verweigert, über das man sich allerdings bislang noch wenig Gedanken gemacht hat.

Über Jahre habe ich die Kirche auch als den Weg angesehen, über den ich der Welt etwas Menschlichkeit geben wollte, und zwar nicht einfach nur als gute Tat, sondern über meinen Beruf. Ich war und bin kein Heiliger, der allein auf Gottes Lohn gebaut hätte, den ich zusätzlich gern annahm – denn als freundlicher Pfarrer auf dem Land braucht man nicht jedes Bier selbst zu zahlen. Ich wollte niemanden ausnutzen, aber das, was mir zustand, wollte ich von der katholischen Kirche als Verdienst erhalten.

Die römisch-katholische Kirche scheint mir auch heute noch vielfach ein Weg zu sein, über den man der Welt und den Menschen Gutes tun kann. Sie ist eine Infrastruktur, die dem Wohl anderer dienen kann, wobei dies stark von den Entscheidungsbefugten abhängt, die überwiegend die männlichen Kleriker sind. Vielfach drängt sich im Blick auf die einzelnen Pfarrer der Eindruck auf, die Gemeinden werden nach Gutsherrenart geführt. Trotz aller zentralistischen Machtstruktur entscheidet der eine so, der andere anders – vielleicht, weil der Konzern Kirche zu groß und unübersichtlich geworden ist und die Filialleiter in den Diözesen jeden einigermaßen passablen Typen brauchen, da ihr Personalmangel sie vor Disziplinierung zurückschrecken lässt. Mich hat man ja auch gewähren lassen, was mir gefallen und der Gemeinde gut getan hat. Man könnte dies in der philosophischen Ethik ein utilitaristisches Vorgehen nennen. Gut ist, was den meisten am meisten nützt, was für die meisten die meisten Vorteile bringt. Dass ich mich als Zölibatsbrecher zunächst nicht selbst anzeigte bzw. offensichtlich geduldet wurde, brachte der Kirchenleitung einen fortschrittlichen, fleißigen Pfarrer, der viele Schäfchen bei der Stange hielt, die bei einem Konservativen schon längst gegangen wären. Es brachte mir einen erfüllenden und gut bezahlten Arbeitsplatz und der Gemeinde einen rührigen Leiter. Allen war maximal gedient.

Zum Glück bin ich kein Kirchenführer, es war ja schon nicht immer leicht, Gemeinden mit 1300 Katholiken zu leiten. Umso mehr staune ich über den neu gewählten Papst Franziskus. Nicht nur, weil er sich nach dem Heiligen benannte, den ich schon als Kind verehrte, sondern weil er dessen Vision vielleicht doch realisiert. Franziskus hörte im Traum an der Ruine eines Kirchleins: Baue diese Kirche wieder auf! Papst Franziskus gebrauchte das Bild von einem Lazarett. Eine Art Rettungsdienst sollte die Kirche sein.

Ich war gern bei der Bergwacht, auch ein Rettungsdienst. Das Motto »helft den Menschen leben« hat mir im Studium ein Professor als Leitspruch gegeben und so würde mir Kirche gefallen. Aber sie ist darüber hinaus eine besondere Hilfsagentur, nämlich eine mit einer besonderen Spiritualität. Ein schwieriges Wort, das in den Topf der Religion gehört. Ist sie das Salz in der Suppe, wo doch so viele in der römisch-katholischen Kirche ihr eigenes Süppchen kochen? Ist sie das Intimste, Individuellste in der Religion: die je eigene Beziehung zu Gott?

Ich setze weiter unten an. Es geht um den Geist, um die Haltung, in der ein Mensch tut, was er tut. Die einen reflektieren wenig über sich und ihre Motive, Ziele, Prägungen, usw. Sie funktionieren, orientieren sich an den anderen, zeigen wenig Bestreben, ihre Persönlichkeit kritisch zu entfalten. Die anderen befragen sich selbst immer wieder, was sie im Leben anstreben, welches Wertesystem sie verfolgen, was sie aus sich machen können. Sie staunen über Dinge, die sie nicht als selbstverständlich ansehen, tauschen sich darüber aus, lassen sich hinterfragen, denken sehr tiefgründig und sind bestrebt, ihre bei sich entdeckten Glaubenssätze zu erweitern, neue Verhaltensweisen einzuüben und Ähnliches. Sie reagieren nicht einfach, sondern versuchen bewusst zu agieren, wobei sie sich durchaus auch gegen den reißenden Strom der Ereignisse stellen, langsamer leben und mit Bedacht. Heute sagt man dazu Achtsamkeit.

Spiritualität verstehe ich nicht als ein Ableisten von frommen Pflichten, um damit einen Gott zu verehren, sondern eine Art Lebensstil, bei dem die Prinzipien selbst bestimmt werden, was allerdings durchaus der Übung bedarf. Auch hier kann ein besonderer Rückzugsort sinnvoll, eine Gemeinschaft nützlich sein, Formulierungen können aufgesagt, Rituale gepflegt werden und dergleichen mehr, um Spiritualität zu erfahren.

Wenn ich heute Menschen auf einem Pilgerweg beispielsweise hier im Bayerischen Wald begleite, dann geht es vielfach um eine Auszeit von der alltäglichen Getriebenheit durch vielfältige Aufgaben. Dann geht es um ein Wachsamsein für den eigenen Körper und die Schönheit der Landschaft, darum, die Sinne als Wegweiser zu einem sinnerfüllten Dasein zu wecken. Ich rege mit Geschichten zum Nachdenken über die eigene Lebensweise an und stelle mich als kritisch nachfragender und inspirierender Gesprächspartner zur Verfügung. Manchmal singen wir in einer Kapelle, manchmal wird ein Satz mantraartig wiederholt mit dem Strom des Atems. Es sind Übungen, die ich als hilfreich erfahre oder mir als solche angeeignet habe, mit dem Ziel, dass der Alltag sich danach ändert. Dieses Vorhaben wird am besten durch eine Gruppe ähnlich gesinnter Menschen und einen Rückzugsraum unterstützt, die einen davor bewahren, sofort wieder in die alten, eingeschliffenen, als weniger erfüllend erlebten Handlungsweisen zurückzufallen. Was nicht geübt wird, wird sich nicht einverleiben lassen.

So gesehen wäre »Kirche« durchaus ein hilfreiches Werkzeug, das Gemeinschaft, gute Gedanken und Stützen in dem Unterfangen geben könnte, nicht von anderen gelebt zu werden, sondern immer wieder nach seiner eigenen Weise sein Leben selbst zu bestimmen.

Ihre Botschaften könnten lauten: Freue dich, dass du leben darfst! Staune über die Schönheit, die dein Leben erfreut! Teile deine Freude mit andern! Verhilf anderen auch zur Freude! Übersehe nicht, wo Leben geschmälert wird, sondern stemme dich dagegen! Die römisch-katholische Kirche sagt, die Eucharistie sei das Zentralste des Glaubens, was übersetzt so viel heißt wie: Sei dankbar! Darin wird Brot geteilt und damit Not gelindert. Dort wird die Frohe Botschaft verkündet. Was will man denn mehr? Wenn es nur so wär!

Schuld und Sünde

»Ich habe gesündigt, in Gedanken, Worten und Werken.« Das bekennt der Katholik vor jeder heiligen Messe. Und ich musste es auch tun. Ganz besonders, als ich kurz vor Weihnachten 2002 von oberster Diözesanleitung angerufen wurde. Das Verhältnis zu Birgit war und ist nach wie vor eine schwere Sünde. Ein Grund, mich zu exkommunizieren, lag darin, dass ich sogar stolz war auf das, was ich tat. Das macht die Sünde so schwer, dass ich mich damit aus der Gemeinschaft der Kirche hinausbewegte – so wurde es mir gesagt.

Es ist sinnvoll zu klären, was Worte wie Schuld, Sünde, Erbsünde und dergleichen bedeuten. Das katholische Kirchenrecht, der Codex Iuris Canonici, regelt im Canon 992: »Ablass ist der Nachlass zeitlicher Strafe vor Gott für Sünden, deren Schuld schon getilgt ist; ihn erlangt der entsprechend disponierte Gläubige unter bestimmten festgelegten Voraussetzungen durch die Hilfe der Kirche, die im Dienst an der Erlösung den Schatz der Sühneleistungen Christi und der Heiligen autoritativ verwaltet und zuwendet.«

Mich plagte schon aus Kindertagen das Schuldgefühl, auch wenn ich eher brav und weniger ein Sünder war. Sünden fürchten: Das lehrte die Kirche mich. Und ich bibberte vor dem Beichtstuhl, bis ich an der Reihe war. Eigentlich wusste ich nichts Besonderes zu bereuen. Jedes Kind folgt mal seinen Eltern nicht, streitet mit Geschwistern, nimmt mal dem anderen das Spielzeug weg, gebraucht schlimme Worte, vergisst mittags das Tischgebet: alles Kleinigkeiten. Und wenn die Sexualität erwacht, dann ist aus katholischer Sicht auch das alles sündig.

Als ich später auf der anderen Seite des Vorhangs saß und mir Kinder ihre »Verfehlungen« offenbarten, merkte ich, wie sie das »nachbeteten«, was ihnen im Religionsunterricht als solche eingebläut wurden. Zu Stoßzeiten vor Weihnachten und Ostern hätte ich meine Zeit besser nutzen können, als 80-mal fast das Gleiche zu hören. Und welchen Sinn soll diese Beichte für die Kinder haben, denen unnötigerweise Schuldgefühle wegen Lappalien eingeredet werden, oder die sich einfach nur, damit eben die Beichte in ihrer vorgegebenen Form abgeleistet wird, irgendetwas aus den Fingern saugen? In meinen Augen ist dies absolut unnötig und ein wenig geeignetes Instrument, um den Kindern ein wahrhaftiges Gefühl von Reue und Verantwortungsgefühl zu vermitteln.

Ich habe es so erlebt: Die Kinder sagten innerlich unbeteiligt auf, was man ihnen halt so beigebracht hat. Dann sollten sie mit dem Priester hinter einem Sichtschutz murmelnd reden, warum, wieso und wie sie es anders machen könnten, was sie als »Buße« tun könnten. Meist bekamen sie ein paar Gebete auf, die sie sprechen sollten. Den offiziellen Schluss, die Lossprechung, vergaßen sie in der Regel. Dann waren sie wieder raus aus dem Beichtstuhl – jubelnd, »geschafft« – wie eine Prüfung – und mussten von einer Mutter angehalten werden, ihre Gebete zu verrichten und dann ruhig zu warten, bis die anderen auch fertig waren.

Lockere, moderne Formen laden statt in einen dunklen

Beichtstuhl in ein helles Beichtzimmer ein, wo der Beichtende einem Priester gegenübersitzen und befreiter darüber reden kann, was er falsch gemacht hat. Aber auch diese Variante ist eine schwierige Situation für Kinder. Bei diesem ganzen Thema sollte ja das Ziel sein, Menschen an ein Verantwortungsgefühl heranzuführen – aber es ist wie beim Hund: Wenn die Strafe oder das Gespräch Wochen später irgendwo anders stattfinden, ist die Wirkung eher gering.

Eine Zeitlang galten Bußgottesdienste als Alternative zur Einzelbeichte. Bußgottesdienste sind gemeindliche Gottesdienste, die Gott loben als den, der den Sündern vergibt und sie liebt. Dabei wird in der Auswahl der Bibelstellen für diesen Gottesdienst und in den Ansprachen besonders darauf eingegangen, was denn alles falsch läuft. Es ist also eine Art große Gewissenserforschung, bei der die Gemeindemitglieder auf eher meditative Weise Impulse erhalten, über ihr Verhalten nachzudenken, darüber, warum sie bestimmte Dinge getan haben, wie man sein Verhalten ändern kann und Ähnliches. Bisweilen wird mit Bild- und Textmeditation ein Aspekt besonders vertieft: Eheleben und Familienleben, Umweltschutz, Gerechtigkeit ... Es werden also Anstöße gegeben: Was hast du falsch gemacht, erkenne, wie es dazu gekommen ist, überlege, wie es zu ändern ist.

Attraktiv waren sie vor Jahren, weil die Pflicht, vor Hochfesten zu beichten, auch dadurch erfüllt war, dass man nicht in die zeitaufwendigen Beichten gehen musste, sondern die Beichte mit einem Gottesdienst erledigen konnte. Da sprach am Ende der Predigt der Pfarrer eine Art Lossprechungsformel für alle, nachdem man gemeinsam so etwas wie ein Schuldbekenntnis als Gebet (von einem ausgeteilten Zettel oder aus dem Gebetbuch abgelesen) vortrug. Nach einem solchen Gottesdienst konnte man dann »reinen Herzens« vor Festen zur Kommunion gehen. Manchmal wurde diese Lossprechung auch einzeln den Gläubigen in einem Ritual erteilt: Sie gingen im Gänsemarsch zum Priester, der eventuell die Hände auflegte und dem Gläubigen kurz Vergebung zusprach, dann ging es meist mit der Wandlung, der Eucharistie, weiter bis zum Schlusssegen.

Die offizielle Kirche untersagte diese »Beichte light« – dies wäre nur eine gemeinsame Gewissenserforschung und ein Bewusstmachen, dass wir alle Sünder seien, gemeinsam neue Strukturen gerechten Lebens zu schaffen hätten und einander vergeben müssten. Doch Lossprechung, wie es Gott will, gibt es nur in der persönlichen Beichte. Diese ist mindestens ein Mal pro Jahr Pflicht, am besten wird sie aber vor jedem Fest abgelegt.

Als Pfarrer war dies eines der Elemente, das ich abschaffte: die Kinderbeichte. Und bald darauf die Beichterei überhaupt. Meine Gemeinde atmete auf. Die Kirche war brechend voll, als vor den Festtagen in meiner Pfarrei Bußgottesdienste angeboten wurden. Die Nachbarpfarrer sahen dies kritisch, weil sie ihre Beichtbildchen nicht mehr losbekamen und sie fast allein in ihrer kalten Kirche auf reuige Sünder warteten.

Jesu großes Thema war die Barmherzigkeit, die Liebe zu den Sündern, die Botschaft der Vergebung. Und so bot ich meinen Kommunionkindern an, ein Fest der Vergebung im Pfarrheim zu feiern. Keiner sollte wissen, welche Fehler sie auf einen Zettel schrieben, der dann in Flammen aufging. Während dieses Rituals und dem je persönlich gegebenen Zuspruch: »Deine Sünden hat dir Gott vergeben, versuche nun gut zu leben!« hatten die Mütter ein kleines Mahl vorbereitet. Anschließend spielten wir lustige Gemeinschaftsspiele.

Sünden werden vergeben, wenn einer Reue zeigt, umkehrt, Sühne leistet. Im Beichtstuhl werden je nach Sünde ein paar Vaterunser veranschlagt. Die Logik müsste aber doch anders lauten: nicht Vergebung auf Vorleistung, sondern: Dir wird vergeben und daraus wirst du anders handeln. Das war ja auch die Formulierung der zehn Gebote aus dem sogenannten »Alten Testament«. »Gedenke, was Gott an euch Großes getan hat, und dann wirst du nicht mehr ...« – nicht mehr stehlen, nicht mehr an andere Götter glauben.

Man kann die hebräische Formulierung statt als ein »Du sollst« auch als ein »Du wirst« übersetzen bzw. verstehen. Also als eine logische Folgerung: Wenn du Gott als dein Heil erkannt hast, dann hast du es nicht mehr nötig, dich durch Besitz zu definieren, schon gar nicht durch einen, der durch Unrecht zustande kam, dann wirst du automatisch nicht den Besitz anderer antasten. Dann definierst du dich nicht über die Arbeit, sondern kannst deinen großen Besitz genießen, indem du zu IHM aufschaust, dir Zeit für IHN nimmst und für die, die genauso durch IHN reich sind. Je mehr der Mensch verinnerlicht, dass der Ewige ihn reich macht, weil ER dem Menschen Anteil an seiner Fülle schenkt, desto weniger dominiert ihn das Irdische. Klar darf er heiraten, besitzen, arbeiten, feiern usw., aber alles mit Maß und Ziel. Auch hier hatten die Kirchengelehrten in puncto Zölibat überzogen, wenn sie lehrten, wer sich von Gott geliebt weiß, kann sogar auf die Liebe eines Menschen und auf die Ehe verzichten. Auch wer seine Kraft aus Gott holt, darf etwas essen. Auch wer seinen Lebensdurst bei Gott stillt, wird etwas trinken. Auch wer Gott als Schöpfer verehrt, wird durch eigene Arbeit an der Schöpfung mitwirken. Aber er wird weder die Ehe noch die Arbeit noch Essen und Trinken zu seinem Gott hochstilisieren, sondern in allem ein Geschenk Gottes sehen.

Kirchenfürsten wussten immer schon, dass Schuldgefühle einen Menschen gefügig machten. Und wenn sie ihren Klerikern mit der wenig sinnvollen Zölibatspflicht leicht einen

Grund für zumindest sündige Gedanken boten, hatten sie Mitarbeiter, die leichter zu gängeln waren, denn nun mussten sie als reuige Sünder sich ihrer Last entledigen. Schuldgefühle im Bereich der Sexualität, die bald zum Kernthema kirchlicher Morallehre avancierte, brachten vielen Menschen psychische Probleme und verstellten den Blick auf die Themen, die wirklich der Reue und Umkehr bedurft hätten. Das gilt leider auch heute noch.

Was ist das, »Schuld«? Ich kann einen Verkehrsunfall verursachen, aber dennoch »unschuldig« sein, weil ich gerade einen Herzinfarkt hatte. Schuld nimmt also Bezug auf eine eigene Entscheidung, die ich nach außen erklären, recht-fertigen kann. Demnach geht es auch um das Recht. Ist das Recht eine allem vorgelagerte Sache, wie man es von den Menschenrechten behauptet, oder eine von irgendwelchen Gruppen festgesetzte Übereinkunft, das sogenannte positive Recht? Die Kirche hält sich für die Instanz, die klar und deutlich erkennt, weil sie von Gott mit der Erkenntniskraft dafür ausgestattet worden ist. Außerdem hat sie nach ihrem Bekunden von Gott die Offenbarung an die Seite gestellt bekommen, die allein ihr genau anzeigt, was von Natur aus richtig und falsch ist, was Gottes Willen ent- bzw. widerspricht. Homosexualität galt und gilt von daher immer noch oft als Sünde oder krankhafte Veranlagung. Naturwissenschaftler widersprechen heute dieser Ansicht. Die einen berufen sich dabei auf die Genetik, andere auf soziale Faktoren etc. Allerdings zeigt schon der Blick in die Menschheitsgeschichte, dass Sexualität und Partnerschaft vielfache Formen kannte und kennt. Die »eine« Natur des Menschen, sein zeit- und raumübergreifendes »Wesen« wird mit gutem Grund bezweifelt.

Woher erkennt man dann, was gut und richtig ist? Oder noch tiefer gefragt: Was wollen die Begriffe: richtig und falsch, gut und böse, gesund und krank eigentlich sagen? Die großen philosophischen Themen verbinden sich hier: Was kann ich wissen? Was soll ich tun? Was ist der Mensch? Was kann ich hoffen? Nach all dem fragte auch schon Immanuel Kant vor Jahrhunderten. Was die Naturwissenschaftler über die Menschen und die Welt zunächst erkannt zu haben meinen, sind immer nur Facetten, die andere anders sehen. Ihre Modelle sind vorläufig, reduzieren die Wirklichkeit, vereinfachen. Was daraus als ethische Anforderung erwächst, ist zeitbedingt. Überhaupt gilt zu fragen, auf welche Weise wer für wen Verhaltensanordnungen geben kann, wie sie sanktioniert werden sollen und wie Menschen, die nicht danach handeln, auf den angeblich besseren Weg zu bringen sind. Einfacher wäre es natürlich, wenn man ein moralisches Gebot aus dem Himmel hätte, das für alles die verbindliche Antwort wüsste.

Von Augustinus stammt die kurze Formel: »Liebe und dann tue, was du willst.« Das heißt so viel wie: Wer in der Gesinnung der Liebe lebt, wird durch diese zur rechten Tat geführt. Ob nun Wohlgesinntheit wirklich die Welt rettet? Muss man nach einer Tat suchen, die dem anderen oder der Allgemeinheit größten Nutzen bringt? Ich wage nun doch etwas über alle Menschen und ihr Wesen zu sagen: Wir werden alle schuldig. Und biblisch füge ich hinzu: Wir haben vom falschen Baum gegessen, nämlich nicht von dem, der uns zur Erkenntnis führte.

Es bleibt uns also nicht erspart: Wir müssen im kleinen privaten wie im großen politischen Leben ständig nach dem suchen, was zu tun »besser« ist, und dies verantworten vor den anderen, die neben und nach uns leben, da wir durch unser Tun immer ihr Tun beeinflussen.

Zentral liegt dieser Art zu denken der Begriff der Freiheit zugrunde. Doch auch wenn ich sage, »ich will jetzt dieses

Smartphone«, lässt sich fragen, woher denn dieser »Wille« stammt. Bin ich nicht gerade hier unfrei, weil ich der Macht der Werbung, des Gruppendrucks etc. erliege? Nicht erst dort ist Freiheit anzuzweifeln, wo der Kassier das Geld dem Bankräuber gibt, der mit der Waffe vor ihm steht. Ich denke, unser Verhalten ist zu großen Teilen fremdverursacht. Das Erb-gut unserer Eltern kann auch ein Erb-schlecht gewesen sein. Und Kinder erlernen ihr Verhalten vor allem in den ersten Jahren. Vielleicht sind deshalb die meisten im Grunde lieb und nett, weil man es zu ihnen am Anfang auch war. Später lernen Kinder zu lügen, weil sie zuvor schon erfahren haben, wie so etwas geht, und weil sie damit Schaden abwehren oder sich Vorteile verschaffen können. Vielleicht kann man das Thema »Erbsünde« auch so sehen. Keiner erfindet das Verhalten völlig neu, wir stehen seit Jahrtausenden in einer Tradition des Umgangs miteinander.

Wir lernen immer neue Varianten durch immer mehr Menschen an unserem Wegesrand kennen, üben sie ein und entwickeln so unser Konzept zu handeln. Dadurch werden unsere Handlungsspielräume ziemlich groß und wir haben das Gefühl, wir würden frei handeln. Andererseits scheinen wir doch ziemlich kleine Spielräume des Verhaltens zu bevorzugen, angesichts der Tatsache, dass sich die »Fehler«, die wir machen, oft sehr ähneln.

Manchmal geht dann einem Menschen auf, dass er das, was er da getan hat, doch lieber nicht getan hätte. Er fühlt sich schuldig, egal ob er dabei ertappt wurde oder nicht. Dieses Gefühl des Schuldigseins ist unangenehm. Entschuldigung ist angesagt. Man sucht nach »Gründen«, die die Schuld geringer machen. Andere erhalten vielleicht Mitschuld. Oder man bittet um Vergebung und erklärt: »Ich habe frei etwas getan, was ich besser nicht getan hätte. Seid mir bitte deshalb nicht mehr böse, verachtet mich bitte nicht, integriert mich wieder.« Glaubhaft wird so eine Vergebungsbitte erst dort, wo jemand den Schaden in anderer Weise wiedergutmacht, ja sogar ein »mehr als das« leistet.

Solche Schulderkenntnis und Reaktion kann in einem konkreten Verhalten begründet sein und daher stimmig wirken. Es kann aber auch ein diffuses Schuldgefühl geben, das uns eher von dritter Seite eingeredet wird. Zwanghaft veranlagten Menschen kann es dann schon helfen, wenn ein amtlicher Vergeber die Gnade Gottes dem Sünder zuspricht.

Ich halte es für gut, wenn den Menschen immer wieder klargemacht wird, welche Auswirkungen ihr Verhalten auf andere und die Welt hat. Dieses »ihr seid alle Sünder« kann stimulieren, nach einer besseren Welt immer neu gemeinsam zu suchen und sich selbst nicht für unfehlbar zu halten. Gefahren bestehen aber auch: zum einen darin, eine krankhafte Selbstbeschuldigung zu erzeugen, zum anderen darin, inflationär für Abstumpfung zu sorgen, da wir ja sowieso nichts gegen diese Dauersündigkeit machen können.

Allein Gott um Vergebung zu bitten, sich lossprechen zu lassen von aller Schuld, die dann mit ein paar Gebeten getilgt ist, lässt diejenigen im Regen stehen, die durch mein Tun verletzt wurden, und Beichte und Absolution sind noch kein Ansporn, wirklich mein Verhalten zu ändern, indem ich ergründe, was die Wurzeln desselben bei mir sind. Hier kommt der kirchliche Begriff der Wurzelsünde, also dessen, was im allgemeinen Sprachgebrauch als »Todsünde« bezeichnet wird, in den Blick. Was lässt Menschen sich hemmungslos bereichern, wie es in der Welt der Wirtschaft oft aufgedeckt wird? Sind da in den handelnden Personen Züge angelegt, die sie verführen, sich durch Besitz zu definieren? Oder sind es Strukturen, die Menschen zu einem Verhalten bringen, das auf Dauer die

Schere zwischen Arm und Reich so weit öffnet, dass es auch für die Reichen ungemütlich werden kann? Was lässt uns so wirtschaften und die politische Weltordnung so gestalten, dass da Millionen leiden, zu Grunde gehen, ausgebeutet werden? Was macht uns so hungrig nach Fleisch, dass Tiere gnadenlos gemartert werden? Man muss diese Sünden an der Wurzel packen.

Schuld und Sünde – die großen Themen der Bibel und der Kirche – scheinen mir extrem wichtig als Initiatoren einer Bewegung, die den Status quo nicht einfach hinnimmt, sondern nach Verbesserung sucht. Das Schuldbekenntnis am Gottesdienstbeginn lautet: Ich bekenne Gott, dem Allmächtigen, und allen Brüdern und Schwestern, dass ich Gutes unterlassen und Böses getan habe.

Die Reduzierung auf den Bereich der Sexualität widerspricht dem Auftrag Jesu. Ihm geht es um die Achtsamkeit im Hinblick darauf, wie mein Tun die Lebensmöglichkeiten anderer beflügelt oder einschränkt. Sünden an der Natur waren für ihn zwar kein konkretes Thema, trotzdem stört es mich – und sollte uns alle stören –, wenn achtlos Dinge irgendwohin geworfen werden. Dadurch wird eine Haltung gefördert, in der ohne Respekt, also ohne Rücksicht und Vorsicht, gehandelt wird.

Das Zusammenleben im Kleinen wird dadurch befördert, dass ich mit in den Blick nehme, was den anderen bewegt. Das Gleiche gilt auch im Großen, in der Welt und im Wirtschaften. Eine solche Orientierung ist der Zukunft der Menschheit zuträglich, weil sich Einseitigkeit irgendwann rächt. Reiner Legalismus, der sich nur am Wortlaut von formulierten Regelungen orientiert, wird dieser Haltung nicht gerecht. Manchmal kann es sogar geboten sein, Regelungen zu übertreten, um deren Sinn näher zu kommen.

Utilitarismus nennt man ein ethisches Prinzip, das nach dem größten Nutzen für die meisten Betroffenen sucht. Meine Beziehung zu Birgit kann unter dieser Denkweise betrachtet sogar positiv bewertet werden, weil nicht nur sie und ich Vorteile hatten, sondern auch die Gemeinde durch unsere Liebe viel Gutes erfuhr. Und letztlich hat der ganze »Fall Aschenbrenner« ein Nachdenken über die Nützlichkeit des Zölibats angestoßen, der sich als kirchliches Gesetz vielleicht bald überlebt hat.

Was von der Ethik als ehrenwertes, richtiges oder erstrebenswertes Verhalten angesehen wird, wurde bisweilen an dem gemessen, was üblich und gewohnt war und daher als selbstverständlich galt. Ist ein sparsames Leben deshalb gut, weil es die Ressourcen der Erde schont, oder nur, weil man so besser auf mögliche zukünftige Engpässe reagieren kann, weil eventuell ein Gott dem Menschen auf Erden nicht viel gönnt und ihn erst im Himmel mit aller Fülle belohnen will? Sparsamkeit stellt die Frage danach, was man braucht, um glücklich und zufrieden leben zu können, wie viel dafür von außen kommen muss und wie viel die innere Haltung dazu beiträgt. Solche Themen der Moral lenken den Blick auf das »Spirituelle«, also auf die Geisteshaltung. Nicht die fehlende Gebetspraxis muss gebeichtet werden, sondern es gilt zu klären, welche geistigen Quellen ungenutzt bleiben. Die Gewohnheit mehrfacher täglicher Gebetszeiten könnte durchaus den ethischen Impuls geben, seine inneren mentalen Ressourcen zu nutzen.

Wahrhaftigkeit wird Kindern als Lügeverbot eingebläut, doch es geht um mehr. Wenn jemand in einer Diskussion bewusst einen Sachverhalt verkürzt und einseitig darstellt, um mit dieser Demagogie seine Position als die zu wählende anpreist, dann stellt diese Verzerrung einen größeren Verstoß gegen das Gebot der Wahrheit dar als das Schwindeln des Kindes, das eine Strafe abwenden will. Es geht um nichts Geringeres als die Kommunikation, die so gehalten werden sollte, dass klar wird, warum wer zu welcher Ansicht kommt.

Wenn man dagegen den alternativen Begriff »Ehrlichkeit« verwendet, sagt dieser selbst schon, dass es um die Ehre, Würde, das Ansehen der Personen geht, die nicht beschädigt werden dürfen, auch dort nicht, wo der andere eine andere Sicht der Dinge hat. Schuld entsteht dort, wo einer um des eigenen Vorteils willen bewusst etwas verschleiert.

Bei »Ehre« und »Ehrlichkeit« berühren wir den eigentlichen Kern der Rede Jesu in Bezug auf Versagen, Schuld und Fehlverhalten, nämlich die Vergebung. Er lässt sie ohne Vorbedingung anderen zuteil werden und stellt so ihre Ehre wieder her. Ehrlichkeit im Sinne Jesu setzt den anderen nicht herunter, sondern hinauf, zumal dort, wo er eigentlich Schimpf und Schande verdienen würde. Sicher schimpft Jesus auch die hohen Herren seiner Religion, wo sie ihren Vorteil zum Schaden anderer ausspielen wollen und unbelehrbar sind. Doch sein Weg, andere zu einem neuen Verhalten zu bewegen, ist nicht der der Bloßstellung und Bestrafung, sondern der der Vergebung, die Mut macht, die nächsten Schritte nun anders, menschlicher zu setzen.

Jesus deckt Missstände auf und stellt die an den Pranger, die andere klein halten. Andererseits warnt er davor, bei anderen einen Splitter im Auge zu sehen, den Balken im eigenen jedoch nicht. Mit anderen Worten: Es soll der den ersten Stein auf Sünder werfen, der selbst ohne Sünde ist. Es geht ihm also um den Schutz derer, die nicht von ihren Fehlern ablenken wollen, indem sie auf die der anderen explizit hinweisen.

Ich war und bin schuldig. Doch meiner Überzeugung nach besteht meine Schuld nicht in der Liebe zu Birgit, auch nicht in der Übertretung einer Regelung, die die Kirche für mich als ihren Mitarbeiter erließ, sondern in mangelnder Liebe, mangelndem Vertrauen und zu großer Ängstlichkeit. Klar war die Liebe zu Birgit eine Übertretung der Regeln. Aber moralisch sehe ich meine Schuld eher darin, dass ich diese Liebe nicht offen genug zuließ, sie nach oben versteckte, sie nach außen nicht deutlicher proklamierte. Die Liebe zu einem Menschen, wenn sie nicht einfach die lüsterne Befriedigung eigener Triebe ist, stammt von Gott. Also hätte ich dieses Geschenk klarer aufnehmen und leben sollen. Ich hatte zu wenig Vertrauen, dass mein Weg auch mit einem offenen Bekenntnis zu meiner Liebe zu Birgit einen guten Verlauf nehmen würde.

Überhaupt entsteht viel Mist auf der Welt, weil wir zu wenig Vertrauen haben, dass wir im Tun dessen, was wir als richtig empfinden, auch einen guten Weg weitergehen werden können. Aus Angst mogelt man sich durch, geht Kompromisse ein, und das ist auf Dauer die größere Schuld: diese Angst, zu dem zu stehen, was man im Herzen als den geforderten Weg erkennt, als das aus der Situation moralisch Gebotene, Angst vor Ansehensverlust, vor finanziellen Einbußen. Angst stellt für mich die Urform der Sünde dar.

Sicher würde ich im Nachhinein manches anders machen in meinem Leben, aber keinesfalls die Liebe zu Birgit aufgeben, nur weil ein Gesetz sie verbietet. Allerdings hoffe ich auch dort, wo mir vielleicht der eine oder andere etwas nicht verzeiht, dass meine Bitte um Vergebung nicht vergeblich ist, weil allein schon der Akt der eigenen Anerkenntnis etwas Reinigendes und Heilendes hat. Ein Akt der Sühne kann ein Übriges leisten, wo das Gefühl einen umtreibt, dass eigenes Tun andere schwer verletzt hat.

Mit dem Thema »Schuld und Sühne« rückt die Kirche eine der wichtigsten Fragen personaler Existenz in den Mittelpunkt. Schuld und Sühne bewegen als innere Erlebnisse die meisten

Menschen. Weil jeder spürt, wo sein Tun zu Lasten und auf Kosten anderer ging. Menschen handeln auf sich fixiert und zum Schaden anderer. Sie wollen das anschließend oft wiedergutmachen: Sühne ist die Ersatzleistung, mit der ich mich »bestrafe« und die verletzte Ordnung wieder in ein Gleichgewicht bringen möchte. Als erwachsene Menschen haben wir gelernt, die Eigenbedürfnisse anderer zu respektieren und ihr Leben möglichst nicht zu schädigen – was aber nicht immer gelingt. So entsteht Schuld.

Weltgedanken

Kirche und Welt stellen in gewisser Weise zwei Gegenpole dar. So wie Körper und Geist, Leib und Seele, Diesseits und Jenseits. Es gibt profane Räume für das Pfarrfest und sakrale für den Festgottesdienst. Und dementsprechend werkelt der Pfarrgemeinderat im ersten, während der Geistliche im anderen zelebriert. Laien kümmern sich um die Welt, Geistliche um die Seele und was dem Himmel dient.

Mich hat schon immer interessiert, was die Welt im Innersten zusammenhält. Das monotheistische Denken hat den Siegeszug des Christentums befördert gegen einen bunten Götterhimmel, aber auch gegen den Dualismus. In vielen Religionen wird alles auf zwei (oder mehrere) widerstreitende Prinzipien zurückgeführt. Gut und Böse als gleich stark, als miteinander kämpfend – dualistisch. Das scheint so auch im Christentum zu sein: Gott und Teufel. Doch genau diesen Dualismus gibt es im Christentum nicht. Denn das sogenannte Böse ist Gott nicht ebenbürtig. Und auch die Welt steht Gott nicht gegenüber. Er ist auch darin und Herr darüber. Dieser Dualismus zwischen Materie und Geist, Gott und Welt entspricht nicht dem christlichen Verständnis.

Die Naturwissenschaften suchen nach dem Gottesteilchen,

Neurowissenschaften entschlüsseln den Bauplan des Gehirns und beides rüttelt an dem Gegensatzpaar: Geist und Materie. Die Materie wird immer mehr vergeistigt und der Geist immer mehr materialisiert. Teilchen sind längst nicht mehr sichtbar, sondern nur Modelle im Kopf, und was wir im Kopf für Gedanken haben, machen bildgebende Verfahren sichtbar wie Teilchen. Wir Menschen sind Teil der materiellen Welt und doch staunen wir, dass die Welt sich uns so zeigt, wie unsere Gedankenmodelle sie verstehen können. Was früher als undurchschaubar galt, erkennen wir weiterhin als zwar höchst komplex und verschachtelt an, aber stellen fest, dass es mit hochleistungsfähigen Rechnern doch entzauberbar ist.

Die Seele, der Himmel und Gott tauchen in Begriffen oft auf. Doch in der Vorstellung der Menschen spielen sie nur selten eine bedeutende Rolle. Ist Gott einfach alles und als Ganzes mehr als die Summe aller Geschehnisse des gesamten Kosmos oder ist er dessen Gegenüber und das ganz Andere? Erst wenn wir über ihn Klarheit hätten, könnten wir über seinen Bereich reden, den Himmel, und dann erst über sein Dasein im Menschen, die Seele.

Gott stellen sich die Gläubigen, wenn auch als Analogie, als »personales Wesen« vor. Im christlichen Glauben wird »Gott« als »du« und als ein »Gegenüber« angesprochen und der Christ stellt sich ihn als Person (als Vater oder Sohn, als Schöpfer) vor. Begriffe wie ein größeres, jenseitiges »Wesen« werden gebraucht. Auch wenn Dogmatiker immer einschränken, alles Reden über Gott sei in der Form der Analogie zu verstehen, stellt sich der Mensch – vom einfachen Mütterchen bis zum Pfarrer – schnell eine Art Mega-Mensch vor, wenn vom göttlichen Wesen gesprochen wird; jemand außerhalb seiner selbst in der Art eines menschlichen Gegenübers.

Das Wort »Wesen« meint damit nicht die Charakterzüge

(wie »unser Pferd hat ein sanftes Wesen«), sondern ein Etwas, das es auch gibt – zusätzlich zu dem anderen. So von Gott zu reden – sagen große Theologen –, wird »ihm« aber nicht gerecht. Es ist un-sag-bar schwer von Gott zu reden, ohne menschliche Vorstellungsinhalte zu gebrauchen.

Abgesehen davon, dass ich mir schon kein »Wesen« vorstellen kann, wird es mit dem Wort davor auch nicht leichter, der Person. Ich bin eine Person, eine Persönlichkeit. Ich identifiziere mich mit meinem alternden, sich verändernden Körper, vertrete Gedanken, gewinne neue hinzu, lege manche Vorstellungen als überkommen ab. Ich bin ehrlich, sparsam, kommunikativ, freundlich und was weiß ich noch alles und sicher nicht alles in gleicher Weise und zur gleichen Zeit. Hinter dem aus dem Lateinischen stammenden Begriff Person steht die Vorstellung einer Maske, durch die etwas hervortönt. Nun sind in mir viele Stimmen und ich kommuniziere mit vielen. Sicher spiele ich wie jeder Mensch auch oft Rollen und setze eine Maske auf, hinter die ich niemanden blicken lasse.

Meine Charaktereigenschaften mögen im Erbgut begründet, in der Erziehung entfaltet und durch vielfältige Begegnungen weiter geformt worden sein. Psychologen mögen dabei Muster entdecken, Verhaltensweisen zu typischen Reaktionsmustern bündeln und vieles mehr. Bloß, was hat das alles mit einem personalen Gott zu tun?

Bei mir – und ich tippe mal, bei den allermeisten Menschen – ist dieses »Ich« sehr zentral. An diesem Ich mache ich meine Geschichte fest, auch wenn einiges Geschehene in Vergessenheit geraten ist. Dieses Ich ist aber auch teils sehr lästig, weil es sich sehr wichtig nimmt. Mit 16 Jahren lernte ich im Kloster bei der Zen-Meditation, das Ich einfach wie ein Schiffchen im Wasser von mir wegschwimmen zu lassen. Ich muss nicht ständig alles bedenken, auf mich beziehen, als meine Empfindung identifizieren. Das fällt mir heute noch nicht leicht.

Ich gehe mal davon aus, dass im Schlaf und mehr noch im Tod dieses Ich zum Schweigen kommt. Oder mündet es dort ein in ein großes göttliches Wow, so wie bei gutem Sex auch, so dass sich das Ich durch das Empfinden und Fühlen in gewisser Weise auflöst?

Die Psychologen erforschen, wie das Empfinden und Handeln eines Menschen zustande kommt, wie man es beeinflussen kann. Das Befinden und Handeln ist in gewisser Weise von der Biochemie abhängig. Wenn meine Kinder zu wenig gegessen haben, also im Unterzucker sind, dann sind sie unleidig. Ich auch. Wenn ich zu viel Alkohol getrunken habe, ist es genauso. Es gibt Medikamente oder Drogen, die einen fröhlicher stimmen. Das Ich kann natürlich aber auch auf andere, sinnvolle Weise seine Stimmung verändern. Die Gegenwart manch anderer oder ein positives Ereignis machen glücklich. Ich kann mir sogar durch gezielte Denkübungen eine Heiterkeit antrainieren. Auch Sport löst solche positiven Gefühle aus.

Ein gewisses Ambiente kann mir guttun. Ist der Himmel so ein Ort, der mir guttut, wie ein Wellnesstempel, und Gott ist der Masseur, der keine Pause braucht, so dass ich ständig auf Wolke sieben schwebe? Karl Marx sagte, Religion sei das Opium des Volkes, es tröste über das Leid der Welt hinweg, ohne es zu beheben. Gott als die sanfte Droge, die letztlich der Welt und ihrem Leid ein Ende setzt und uns alle ins Delirium allzeit glücklichen Lächelns versetzt?

Und was passiert in der Zwischenzeit, bis sich nicht nur ein Einzelner materiell auflöst, sondern die ganze Welt und dazu vielleicht der Kosmos am Ende sind? Ist Gott dieser eine Punkt, der irgendwann explodierte und das Weltall formte und der sich irgendwann wieder in sein Innerstes zurückzieht und dahinein alles mitnimmt, was aus ihm entstanden ist? Relativiert er damit die schrecklichen Erfahrungen, die manche auf Erden durchmachen mussten, weil sie selbst oder ihre Liebsten bis aufs Blut gepeinigt wurden, wie es Jesus erging, der es mit allen gut meinte und dafür am Kreuz gelandet ist? Theologie zu treiben fällt leicht, wenn man an einem sonnigen Tag auf einem Berggipfel den Weitblick genießt: Gott hat alles wunderbar gemacht. In Anbetracht der garstigen Welt fällt das keinem mehr ein.

Aber kann man, sollte man sich über die Dinge den Kopf zerbrechen, die sowieso unserem Zugriff entzogen sind? Wieso Theologie, wo doch Weisheiten, die zu leben helfen, und mentale Techniken, die positiv wirken, viel einfacher sind?

Wenn man schon über die sogenannten »letzten Dinge« definitiv nichts sagen kann, dann muss man sein Reden auf die vorletzten begrenzen. Klar, auch darin tummeln sich vielerlei angebliche Weisheiten, die dem einen oder anderen wie eine Privatoffenbarung einleuchten und wieder anderen sich nicht erschließen wollen. Eine hieb- und stichfeste Evaluation dieser Glücksrezepte wird es deshalb nicht geben, weil Menschen einfach unterschiedlich ticken. Während die eine Trauernde Trost in dem Räucher- und Beschwörungsritual ihres Schamanen findet, geht der andere aus dem heiligen Requiem seiner Kirche mit der glorreichen Gewissheit heraus, dass alles gut ist. Eine Dritte arbeitet mit einem psychoanalytisch geschulten Therapeuten ihre Vergangenheit auf und ein Vierter bastelt stolz für seine verstorbene Frau ein Möbelstück und verarbeitet handwerklich, was er verbal nicht fassen kann.

Lebensweisheiten entstammen kulturellen Kontexten und entfalten darin ihre Kraft. Und unterschiedlichen Menschen helfen unterschiedliche Möglichkeiten, mit dem Leben und seinen Schattenseiten fertigzuwerden.

Ich staune, wie sehr christliche Tradition heute, so sie aus ihrem zwanghaften Korsett einer auf ihre Machterhaltung getrimmten Kirchenobrigkeit befreit ist, von vielen gefragt ist und für viele befreiend wirken kann. Als ich einige Kurse im Kloster Andechs assistieren durfte, lernte ich, dass hinter den strengen Klosterregeln eines Heiligen Benedikt, erlassen vor 1500 Jahren, Impulse stecken, die Führungskräfte von heute sinnvoll in ihrem Unternehmen einsetzen können. Hinter dem dort so inflationär gebrauchten und geschichtlich autoritär missbrauchten Wort Gehorsam steckt ganz einfach die Kunst des Hörens und Zuhörens. Welch ein Heiligtum sind unsere Ohren. Sie müssen nicht nur manchmal das quälende Pfeifen eines Tinnitus ertragen, das Gestampfe einer ständigen Musikberieselung über sich ergehen lassen oder eine Geräuschkulisse, die wir als akustische Umweltverschmutzung wie eine Glocke unserer täglichen Lebenswelt überstülpen. Auch nachts sind sie auf Empfang gestellt – von wegen »stille Nacht«.

Ich übe die Kunst des Hörens – auf die Stille. Die Zen-Meditation, die ich im christlichen Gewand kennengelernt habe, hilft mir dabei. Schweigen und auf den Atem hören und die aufsteigenden Gedanken wie Schiffchen im Strom der Zeit einfach weitertreiben zu lassen, ohne sie entern zu wollen. Als Technikmuffel stutze ich, wenn in öffentlichen Verkehrsmitteln und auf Straßen entweder ein Stöpsel im Ohr die Menschen akustisch zumüllt oder wenn ich Dauerquassler am Handy sehe, die meinen, nur die Momente gelten als Leben, die mit Worten gefüllt sind. Schweigen kann man nicht nur hinter schallisolierten Klostermauern üben, auch wo die Welt laut tobt, kann sich das Bewusstsein der Stille hingeben. Wie mit Essen und Trinken hinterlässt das zu sich genommene Wort oder der aufgesaugte Rhythmus der Musik seine Wirkung in uns. Sicher verstehe ich, wenn man dem Verkehrslärm eilender Pendlerströme durch Musik in seine eigene Welt entkommen will; dennoch genieße ich eine Autofahrt ohne ständiges Radiogedudel.

Meinen Brautpaaren empfehle ich, viel miteinander zu reden, denn das Reden bringt die Leute zusammen. Nur zweifle ich, ob Handytelefonate von unterwegs die Kommunikation ermöglichen, die sich wirklich ganz auf den anderen einlässt. Ich gebe zu, kein Freund des Telefons zu sein, auch wenn ich manches Trauergespräch telefonisch führen muss und immer wieder ein Paar von meiner Stimme und dem Telefonat so angetan ist, dass es mich allein deshalb schon für seine Hochzeit bucht. Trotzdem finde ich, dass manchmal weniger mehr und das in anderer Atmosphäre und direkter Begegnung Gesprochene wertvoller ist. Wissen über das, was Kommunikation gelingen lässt, gibt es genug, man muss es wie das meiste im Leben einfach einüben und dann tun.

Es ist eines der spannendsten Dinge im Leben, dieses Gegenüber von Du und Ich, in dem nicht nur über einen Sachverhalt informiert oder ein Auftrag gegeben wird, sondern ein Gespräch entsteht, in dem man sich wechselseitig ins Herz schauen lässt und dadurch eine Beziehung aufbaut. Ob ausgesprochen oder nicht, bewusst oder nicht, jeder Dialog hat eine Absicht, will etwas vom anderen. Wichtig ist, ob hier Tricks angewendet werden oder nicht, ob ein hierarchisches Gefälle ausgenützt wird oder nicht. Das Postulat der Offenheit, die nicht hinterm Berg hält, und das der Ehrlichkeit, die die Ehre des anderen nicht verletzt, schließt nicht aus, dass wir uns immerzu in Sprachspielen bewegen. Ich höre mit Begeisterung zu, wenn mir erwachsene Paare von ihrer tastenden verbalen Annäherung erzählen – schüchtern werden Testballone gestartet, ehe sie dann (vielleicht das einzige Mal in ihrem Leben) eine ganze Nacht lang nur miteinander reden, chatten oder mailen.

Vom Dialog ist es nicht weit zur Dialektik, der Kunst, im Austausch der Positionen zu neuen Gedanken vorzustoßen, die dann wieder beide Seiten in ihrem bisherigen Denken erweitern und bereichern. Wenn ich in Kursen und Begleitungen mit anderen arbeite, erfahre ich an mir, wie ich daran wachse, oder wie der Philosoph Martin Buber sagte: »Du sagend, werde ich ich.« Der, der ich bin, ist immer in Veränderung. Auf diese Erkenntnis machte mich das Wort Demut aufmerksam. Im Priesterseminar hörte ich zu dieser Tugend noch: »Wenn du eine Frau siehst, schlag sie nieder – die Augenlider.« Demut als bescheidenes, mutloses Zum-Boden-Blicken. Der Boden steckt in dem Begriff bereits drin, der Humus, Demut ist Martin Luthers Übersetzung des lateinischen Wortes humilitas.

Schon als Kind lernte ich durch meinen Vater, der dem Obst- und Gartenbauverein Jahrzehnte vorstand, den Boden zu bearbeiten, den Humus zu kultivieren. Etwas beim Wachstum zu fördern und dann auch zu ernten, sehe ich als Teil der Demut, die weiß, dass der Gärtner wichtig, aber nicht alles entscheidend ist. Von daher schätze ich auch meinen Humor. Humor ist, wenn man trotzdem lacht, also wenn einen der Blick auf die Zustände der Welt nicht resignieren lässt. Verbitterung hat noch niemandem geholfen, viel eher schon das Lachen, das für mich auch zur Demut gehört.

Zwar hat das Wort Humanität andere Wurzeln, verweist aber auch auf einen Kern der Demut, der Humilitas. Es geht um das Menschliche in seiner feinen, zerbrechlichen, irdischen, vergänglichen und damit auch liebenswerten Art im Sinne der antiken Philosophie mit ihrem Leitwort: Erkenne dich selbst!

Ganz in dieser Linie fordert die Benediktsregel auch: Finde das rechte Maß! Damit wird ja schon mitausgesagt, dass es bei Lebensweisheiten nicht um Schwarz oder Weiß geht, sondern um die Schattierungen. Das Leben als einen Balanceakt zu sehen, der Fanatismen reserviert gegenübersteht, ist eine Weisheit, die ich aus der christlichen Tradition nehme und die auch schon in der antiken Philosophie vorhanden ist.

Der christlichen Tradition traut man und ihr traue ich gerade jetzt, wo ich nicht mehr in ihrer engstirnigen Alleinvertreterorganisation arbeite, sehr viel an Lebenshilfe zu. Es wird heute nicht nur versucht, christliche Werte als moralische Verhaltensregeln neu zu verstehen, sondern es wird auch versucht, das, was man gemeinhin als Lebenskunst und Lebensweisheit bezeichnet, aus der christlichen Tradition heraus zu entwickeln. Und so erleben auch Rituale eine neue Blüte. Rituale sind eine Art Sprachspiel, das – jenseits von Erklärungen – in Gemeinschaft mit anderen eine wichtige Lebensstufe meistern hilft. Auch hier zählt wieder das rechte Maß zwischen altbewährtem Verlauf und aktueller Inszenierung, zwischen individuellem Einsatz und persönlicher Zurücknahme des Zeremoniars, zwischen formalem Automatismus und kreativer Lebendigkeit.

Früher wurde der Morgen, der Mittag und der Abend durch das Gebet geheiligt. Heute rate ich jedem, seinen Tag mit einer inneren Sammlung zu beginnen, in der Mitte sich eine stille Auszeit zu gönnen und den Abend mit einer positiven Rückschau zu krönen. Man muss dabei nicht einem strengen Gott huldigen, vielmehr kann man sich im Schutz einer größeren Wirklichkeit vor der eigenen Überforderung bewahren.

War die Beichte – wie ich es meist erlebt habe – ein gefürchtetes, aber für das spätere Handeln wirkungsloses Sündengemurmel, so kann sich jemand heute bei mir lossprechen von dem, was ihn belastet. Mir bleibt dann die Aufgabe, mit ihm danach zu suchen, was ihm hilft, in Frieden seinen Weg neu zu bestimmen.

Rituale werden geschätzt als geistige Übung gegen den weltlichen Druck, alles beherrschen oder gar perfekt sein zu müssen. Auf diese Weise ließe sich vieles aus den Schatzkammern der Kirche als Rezept für das Leben neu erwecken. Die Feiertage könnten das Leben in seinen vielen Farben bunter erscheinen lassen als der gewohnte Pendelschlag zwischen Arbeitsstress und Freizeitkult. Die jüdische Idee, am Sabbat zu ruhen, aus der im Christentum der Sonntag als Ruhetag wurde, würde das Wochenende von dem Druck befreien, etwas Besonderes erleben zu müssen. Vom »Muss« zur »Muße« müsste kein weiter Weg sein.

Gott zu lieben heißt, das Leben zu lieben – und für mich gehört dazu auch die Partnerschaft. Darin besteht für mich das entscheidende Dilemma der katholischen Kirche: zwischen Gott und Welt bzw. Körper und Geist zu trennen. Ein Teil der Kritik am Zölibat wurzelt in dieser Differenzierung und dem damit einhergehenden Erhabenheitsdünkel. Das Außerordentliche und Bestechende am Christentum besteht ja gerade darin, dass es den Blick nicht auf einen jenseitigen Gott lenkt, sondern einen Gott Mensch werden lässt. Die Geschichte Jesu fängt an in der armseligen Krippe und endet darin, dass nach der Auferstehung der Blick der Jünger nicht auf einen jenseitigen Himmel gerichtet bleiben darf, sondern auf die Menschen gelenkt wird.

Gott zu lieben heißt, die Menschen zu lieben – und am besten fängt man ganz konkret bei einem einzelnen an, auf den man sich einlässt.

Über die Liebe

»Kannst du mir sagen, was Liebe ist? Es ist die Übereinstim-
mung, die Vereinigung zweier Wesen, zweier Seelen, zweier
Herzen in allem, was sie denken und hoffen und fühlen.«
Oscar Wilde

Na ja, dann liebe ich Birgit nicht, zumindest nicht so richtig,
wenn Oscar Wilde recht hat. Kann er aber nicht, da seine Aussage zu viele unbestimmbare Variablen beinhaltet. Ich könnte
das ganze Buch mit Zitaten zur Liebe füllen, schließlich bin ich
als Zeremonienmeister für Hochzeiten gerade hier ein Fach-
mann. Und noch mehr: Ich wurde geliebt als kleines Kind von
meiner Mutter. Heute werde ich von meinen Kindern geliebt.
Liegt in dieser Eltern-Kind-Beziehung der Schlüssel dafür, das
Tun-Wort »lieben« zu entschlüsseln?

Das kleine hilflose Baby braucht nicht nur die Fürsorge der
Eltern. »Wie schön, dass du geboren bist, wir hätten dich sonst
sehr vermisst« wurde auch bei unseren Kindergeburtstagen
schon gesungen. Klar, das scheint ein Baby absolut nötig zu
haben, dass viele in den Kinderwagen hineinlachen. Forscher
sagen, dass sich da die Spiegelneuronen üben und Kinder
zurücklachen. Im Idealfall lernt es, dass sich die meisten an

seinem Dasein erfreuen, ihm Gutes wollen und ihm spürbar auch Gutes tun. Schön ist, wenn das Kind Eltern oder enge Bezugspersonen erlebt, die sich mögen, zärtlich zueinander sind, einander unterstützen und als Paar erfahrbar sind, das gerne zusammen ist.

Die Medien und die öffentliche Welt zeigen viele Paare, so dass es dem Heranwachsenden als »normal« erscheint, sein Leben zu zweit zu meistern. Der erwachende Sexualtrieb tut dann noch das Seine dazu, sich auf ein Gegenüber zuzubewegen, nachdem der Pubertierende sich aus dem engen Familienband gelöst hat.

Lieben ist in gewisser Weise das Ergebnis eines Lernprozesses, der dazu führt, dass man mit einem anderen Menschen in besonderer Nähe sein Leben lebt, dabei vielleicht sogar Werte neu setzt und seine Selbstsicht ändert.

Aber bevor ich mich wie in einem Lexikonartikel über das Verb lieben hermache und wie ein Professor nur allgemeingültig, zeitübergreifend über die Liebe doziere, mache ich es lieber konkreter: Lange Zeit hat es mir genügt, als Kaplan »begehrt« zu sein, zu wissen, dass sich die Leute freuen, wenn ich komme. Ich war immer ein großer Individualist, der sich nicht festlegen und lieber ungebunden bleiben wollte. Das ist schon so ein Spagat, den die viel beschworene Liebe meistern muss: Auf der einen Seite stehen der eigene Lebensplan, die Vorlieben, Abneigungen, die Persönlichkeit, wie sie sich bis dahin entwickelt hat. Auf der anderen Seite steht die Bereitschaft sich auf Neues und Anderes des Gegenübers einzulassen, um der wünschenswerten Gemeinschaft willen. Ein nettes Bild zeigt zwei Igel, die sich genau in der für sie idealen Nähe-Distanz-Beziehung befinden, in der sie genügend Wärme, aber auch wenig Nadelstiche erhalten.

Meine Frau kann ihre Zeit gern mit Reiten und Reisen verbringen, was ich beides überhaupt nicht mag, und mit manch anderen Dingen mehr, die mir nicht wichtig sind, wenn ich nur als Ausgleich ihre Nähe, Zuwendung und Fürsorge erhalte. Ich kann sogar als langjähriger Vegetarier ertragen, dass ihre Leibspeise ein Schweinebraten ist, auch wenn hier mein Wertekonzept schon ziemlich stark bedrängt wird. Bei als noch wichtiger empfundenen Werten würde es dann aber kritisch werden, da jemand, mit dem ich eine Beziehung habe, auch meine Überzeugungen und Werte teilen sollte. Kleine Unterschiede jedoch machen unsere Beziehung so reizvoll. Jemand, der in der Linie Oscar Wildes eine absolute Übereinstimmung mit meinen Gedanken hätte, würde auf mich vielleicht langweilig wirken.

Außerdem weiß ich ja, dass meine Werte auch nicht so absolut zu setzen sind. Krankheitsbedingt esse ich jetzt wieder Fleisch, wenig und darauf bedacht, wo es herstammt, aber ich bin kein rigoroser Fundamentalist. Diese Haltung macht es einem überhaupt leichter, mit anderen auszukommen. Je radikaler und unumstößlicher Menschen in ihren Überzeugungen sind, desto schwieriger wird das Zusammenleben. Ich war nie so katholisch, dass ich Menschen anderen Glaubens für dumm oder uneinsichtig ansah. Zwar hatte ich im Studium der sogenannten Fundamentaltheologie gelernt, dass die einzig wahre Kirche die römisch-katholische sei, aber zuvor hatte ich im Kloster der Redemptoristen eine Art Zen-Meditation gelernt und damit einhergehend einen großen Respekt vor dem Buddhismus entwickelt, aber auch vor den Weisheiten anderer Religionen. Also war es überhaupt kein Problem, mich auf eine evangelische Partnerin einzulassen. Religion war weder für mich, den engagierten katholischen Funktionär, noch für sie, die zufällig evangelische Lehrerin, entscheidend.

Ich war ja schon ein paar Jahre da und in jedem Jahr kamen

an unsere Schule neue junge ledige Frauen, hübsche, intelligente, die auch die Natur und die Gerechtigkeit liebten, die sich auch für Fragen der großen Welt interessierten, mit denen ich diskutierte, deren Nähe mir angenehm war, und vieles mehr. Warum macht es irgendwann klick? Ist das wie beim Roulette, dass die Kugel rein zufällig auf die eine Zahl fällt? Oder wirkt ein Gott oder eine andere, uns übersteigende Macht da mit? Klären lässt sich das nicht. Ich kann mir aber vorstellen, dass Menschen, die an eine übergeordnete Bestimmung glauben, ihre Beziehung stabiler gestalten, um diesem Auftrag des Schicksals oder Gottes gerecht zu werden. Es könnte aber auch anders sein, dass sie im Fall des Scheiterns genau dies wiederum als Hinweis dafür sehen, dass sie hier noch nicht ihr endgültiges, wahres Gegenüber gefunden haben. Oder sie sehen es als einen Auftrag zu wachsen, weil ihnen das Fatum zumutet, in einer neuen Partnerschaft neue Dimensionen der eigenen Person zu erkunden.

Nun habe ich durch puren Zufall oder durch die Macht Gottes gefügt nach Jahren die Frau getroffen, bei der ich bereit war, mehr zuzulassen. Sie war für mich diese Anima, die ergänzt, was dem Animus für sich nicht möglich gewesen wäre. Oder war es andersherum, dass da nach Jahren endlich eine Frau die Bühne meines Lebens betrat, die sich auf ein Zusammenleben mit einem Zölibatär einlassen wollte – ohne gleich ein Kind oder etwas auf ewig zu wollen?

Schwingt da in unseren Breiten zu unserer Zeit wirklich immer gleich mit: exklusiv mit dir ein Leben lang und mit Nachwuchs? Das würde dem katholischen Denken entsprechen. Es gibt keine Liebe auf Probe, keine Ehe auf Probe, hat Papst Johannes Paul II. einmal verlauten lassen. Dabei steckt im Proben und der Probe sehr Schönes. Ich probiere einen Drink und er schmeckt mir gut; ob er mir auf Dauer gut bekommt, das weiß ich erst nach mehreren Proben. In der Schule sind die Proben dagegen weniger beliebt. Es gilt herauszufinden, wie sehr einer den Lernstoff schon beherrscht, etwas in- und auswendig kennt. Kann man an seinem Gegenüber auch nur mal so naschen wie an einem Konfekt, ohne dass sich der vernascht vorkommt, also gebraucht, missbraucht? Muss man den anderen in- und auswendig kennen? Schwierige Fragen, auf die auch ich keine Antwort weiß. Ich denke auf jeden Fall, eine Beziehung zu probieren, auszuprobieren, ob es passt, heißt nicht, den anderen zu »vernaschen«. Zwei Menschen loten aus, ob ihre Lebensweisen und ihre Werte kompatibel sind. Wie viel muss ich vom anderen wissen, bis ich sagen kann: »Ich möchte mein Leben mit dir dauerhaft gemeinsam führen, mich auf dich einlassen, in dem, was ich jetzt von dir weiß, und in dem, was sich mir zukünftig noch erschließt?« Es gibt Menschen, die aus gewachsener Unsicherheit höchst skeptisch sind gegenüber Beziehungen. Sie vermuten immer wieder Dinge im anderen, die sie nicht annehmen können, und darum klappt Bindung kaum. Ich denke, man muss nicht *alles* über den anderen wissen, aber doch vieles über ihn und seine Lebensmaximen.

Ich höre mir mit Begeisterung an, wie zwei Menschen zurückschauen auf den Beginn ihrer Liebesgeschichte. Oft erzählen sie vom Zufall des Treffens oder dass sie eigentlich gar nicht zu einer Party oder Veranstaltung wollten, sich überreden ließen und dann trotz innerer Zurückhaltung auf die Person stießen, die fortan ihr Leben vollendet. Manche Paare erzählen davon, dass sie sich erst gar nicht ausstehen konnten, ehe ein besonderer Moment aus Aversion Attraktion machte, wie ein Zauber, der den Frosch zum Prinzen verwandelt, oder ein Bildhauer, der aus einem Marmorklotz einen David steigen lässt. Andere Paare erzählen gemäß der Liedzeile »Tausend

Mal ist nix passiert, Tausendundeinenacht«, dass irgendwann einfach die Zeit dafür reif war. Es gibt ganz verschiedene Varianten, wie zwei Liebende zueinander finden – sei es aufgrund einer zufälligen Begegnung, einer Ablehnung, die sich in Liebe wandelt, oder einer langjährigen Freundschaft, die zur Liebe wird. Woher stammt das Idealbild, das unser »Beuteschema« erfüllt? Wirken da im Hinterkopf die Silhouetten der Eltern nach, dass wir uns unser späteres Gegenüber am liebsten nach dem Abbild unserer ersten Bezugspersonen erschaffen? Dass sich der Mann einen passablen Ersatz für seine Mutter sucht und die Frau für ihren Vater, könnte schon eine Rolle spielen. Doch warum genau wir uns in unseren Partner verliebt haben, wird wohl ein Geheimnis bleiben.

Dann gibt es ja auch noch die beiden gegengewichtigen Sprichwörter: »Gleich und gleich gesellt sich gern« bzw. »Gegensätze ziehen sich an«. Mir fällt auf, dass manche Paare durchaus als Geschwister durchgehen würden. Es soll Untersuchungen geben, die besagen, dass man seinen Partner sehr danach aussucht, wie dieser das eigene Ranking in puncto Schönheit, Ausbildung, Einkommen etc. widerspiegelt: Schönheit zu Schönheit, Klugheit zu Klugheit, usw.

Doch erlebe ich auch das Gegenteil, nicht nur bei der Körpergröße, dass sich eine zierliche Frau beispielsweise einen molligen Mann aussucht. Die meisten Paare bestätigen mir, dass ihr Gegenüber so anders ist. Der Ruhepol liebt die Zappelfee, die Verkopfte ist vom Lebemann begeistert. Ob das dann gut funktioniert oder ob einer den anderen umerzieht oder umerziehen will, das weiß ich nicht.

Dass meine Frau in manchem anders tickt als ich, sehe ich als Bereicherung, als Ergänzung, sie ist mein Komplementärstück. Auch wenn ihr Anderssein manchmal nervt, so habe ich mich daran gewöhnt, mich damit arrangiert. Und sie sich ebenso mit mir und meinen Eigenarten. Alles Leben ist Gewohnheit, Einübung. Das fängt schon beim Essen an. Allergiebedingt darf ich vieles nicht mehr essen. Aber die Ersatzprodukte reizen mich nicht, obwohl sie vielleicht ziemlich ähnlich schmecken. Kann man sich auch so an jemanden gewöhnen, dass einen andere nicht reizen würden? Ich weiß, es gibt viele schöne, kluge, witzige, engagierte Frauen, aber ich möchte mit ihnen nicht anbandeln, weil ich weiß, was ich an meiner Frau habe, was ich bei ihr zerstören würde und wie lange es dauern würde, bis es eventuell wieder so rund laufen würde – abgesehen von allen möglichen Kollateralschäden, die eine Trennung mit sich brächte. Erst wenn eine bestehende Beziehung sich dauerhaft als Gefechtsfeld darstellen würde, könnte ich die Sache anders sehen. Sonst bin ich eher ein Mensch, der sagt: *don't touch a running system.*

Ich weiß aber auch von anderen Paaren, die wie aus heiterem Himmel auf einen Menschen stoßen, der vermutlich die bestehende Partnerschaft um ein Vielfaches toppt. »Willst du zufrieden sein oder glücklich werden?«, fragte eine Kollegin ihren späteren Mann. Gibt es so einen Wechsel von Hyundai zu Mercedes, wo doch die Qualitätsgarantie bei einer Partnerschaft oft erst nach Jahren gegeben werden kann? Diese Frage kann im Vorfeld eben nicht beantwortet werden. Wenn ein neuer Partner in eine bestehende Beziehung »einbricht«, vermag der Zauber des Anfangs schon viel zu bewirken, in der neuen Partnerschaft können beide dann aber auch im Aufbau dauerhafter Gewohnheiten alte oder neue Probleme vorfinden. Doch meist hat sich in den Fällen, in denen es zu einer Trennung kommt, die Beziehung als ein unerquicklicher Kompromisszustand nur eingependelt, weil sich noch nichts Besseres gefunden hat. Dann ist es sehr gut möglich, neue Gewohnheiten zu schaffen.

Andererseits, wenn der Tod eine alte Beziehung trennt, dann merkt man, wie schwer es ist, sich von jahre- und jahrzehntealten Gewohnheiten zu trennen. Ehen bestehen vielfach aus sexuellen Bedürfnissen und aus gemeinsamen Gewohnheiten, das Leben miteinander zu meistern. Wie schwer es ist, neue Gewohnheiten zu bilden, erfahre ich an dem, was mir Trauernde nach dem Tod ihres Partners erzählen. Mit dem Tod des Partners gehen eigene Lebensgewohnheiten zu Ende, die sich über Jahre eingeprägt haben und schwer ersetzbar sind. Oft bleiben vor allem Partnerinnen lieber allein, als sich die Mühe zu machen, neue Gewohnheiten aufzubauen und den alten damit »untreu« zu werden. Männer sind da meist schneller. Sie scheinen jemanden zu suchen, der sie versorgt und auch ihre sexuellen Bedürfnisse befriedigt.

Diese sind ein Hauptfaktor in der Partnerschaft. Als ich ein Paar beim Vorgespräch zur Hochzeit fragte, was sie so aneinander schätzten, erzählte er: ihre Intelligenz, ihren Witz, ihre Sportlichkeit, ihr Wissen usw. Dann unterbrach sie ihn und sagte: »Und? Schau ich nicht auch gut aus?« Sexappeal und Sex wird von den Paaren in den Vorgesprächen wenig angesprochen, obwohl ich es für sehr entscheidend halte. Aber keine Angst, ich werde hier keine Bettgeschichten publizieren. Auch möchte ich die allseits bekannten Stereotypen nicht weiter breittreten, dass Männer anders sind und Frauen auch. Sexualität ist mehr als die Paarung. Es ist die Prägung als Mann oder Frau und das Bedürfnis nach Nähe, Berührung, Zärtlichkeit und vieles mehr.

»Ich mag dich sehr« oder »Es ist schön, dass es dich gibt« sage ich aber nicht nur der Partnerin, die sich darüber freut. Ich sage es den Kindern und sie blühen dabei auf. Und manchmal sage ich es auch anderen Leuten, die ich schätze. Eine Kultur der Wertschätzung und Zuwendung zu pflegen scheint mir extrem wichtig, als Gegenbewegung zu einer Welt, vor allem zu unserer heutigen Arbeitswelt, in der der Einzelne immer mehr zu einer austauschbaren Nummer wird.

Als sich unlängst ein vertrauter Kollege das Leben nahm, grämte es mich, ihm nicht deutlicher gesagt zu haben, dass er doch ein toller Typ ist. Möglicherweise hätten ihn solche Botschaften vor dem Freitod bewahrt. Vielleicht müsste man hier das Vokabular etwas breiter fächern, das einem anderen Sympathie bekundet. Schließlich möchte man ja nichts Verfängliches sagen, was mehr verheißt, als man bieten kann und möchte. Dieses heikle Thema erzeugt bisweilen viel Frust, weil es schwierig ist zu sagen, wie viel und welche Form von Beziehung man möchte. Selbst kommunikative Menschen starten am Anfang des Kennenlernens nur zögerlich Testballons. Ich kann ja zu einem relativ Fremden nicht hingehen und sagen: »Mit Ihnen hätte ich gern eine nähere Beziehung. Wie genau, das kann ich erst ermessen, wenn ich mehr über Sie weiß. Aber es kann schon sehr viel drin sein. Möglich ist aber auch, dass ich bald weiß, dass ich gar nichts mehr von Ihnen will.«

Partnerbörsen im Internet scheinen in gewisser Weise so zu funktionieren. Da weiß man ja, dass die anderen dort prinzipiell genau wie man selbst auf der Suche nach einer ausschließlichen Beziehung sind. Dementsprechend gibt man die Dinge von sich preis, von denen man glaubt, dass der Austausch darüber für eine gute Dauerbeziehung vonnöten ist. Und trotz oft seitenlanger Personenbeschreibungen und angeblich psychologisch fundierter Partnererrechnungen sind viele echte Kontakte eher ernüchternd. Dann fehlt bei allem Pragmatismus das Quäntchen Feuer, das flackern muss, das Kribbeln im Bauch, die Lust auf den anderen.

Mit den Jahren wird es immer schwerer, gute Freundschaften zu finden. Die einen haben schon zig Bekannte und Termine, so dass man sich gefühlt viel zu selten sieht, und die anderen, die nach dichter Beziehung lechzen, machen Angst, weil sie einen zu sehr aufzusaugen drohen und vielleicht doch nicht auf der eigenen Wellenlänge liegen.

Wenn ich sage, dass ich meine Partnerin liebe, dann bezieht sich das zunächst auf das bisher Erlebte und auf absehbare Veränderungen. Ich lasse mich ein auf dich, so wie du bist, so wie du warst und wie du sein wirst, klingt als Versprechen wunderschön. Doch mancher Wandel vollzieht sich nicht langsam und damit absehbar und nachvollziehbar. Manchmal trifft einen leider das Unglück einer schweren Krankheit und einer der Partner wird zum Pflegefall. Was bedeutet die selbstlose Liebe zu den Bedürftigen? Der, den meine Nächstenliebe begünstigt, fühlt sich wohl immer bei mir in der Schuld. So eine Beziehung wird immer hierarchisch geprägt sein, auch dort, wo ich mich nicht als Gönner heraushebe. Ich hoffe zwar auch, dass mich meine Frau mal im Krankheitsfall pflegt, so wie ich ihr bei einer Grippe Tee koche und für sie sorge. Aber ich bin skeptisch, ob es funktioniert, wenn die gewohnte Liebesbeziehung langfristig zu einer Pflegebeziehung wird, weil einer der Partner zum Pflegefall geworden ist – abgesehen davon, dass sich ein Mensch durch so eine schwere Einschränkung ja auch oft persönlich sehr verändert.

Ich habe ein Paar kennengelernt, bei dem der zum Pflegefall gewordene Mann es wünschte, dass seine Partnerin sich im Leben neu orientierte, weil er keine Beziehung wollte, in der sie aus der Rolle der Geliebten in die Rolle der Pflegerin schlüpfen würde. Jedoch kenne ich genauso auch das Gegenteil, eine Beziehung, in der die Frau nach fast 40 Ehejahren sagte, sie sähe den Dienst an ihrem Mann nicht als mildtätiges Aufopfern, sondern als eine Chance, ihrem gemeinsamen Leben eine neue Dimension hinzuzufügen.

Schleichender Wandel kann lange ertragen werden oder im Idealfall entwickeln sich beide Partner parallel oder haben zumindest Verständnis für neue Facetten, die der andere mit der Zeit zeigt oder entwickelt. Es kann aber auch so sein, wie in der Geschichte vom Ast, der unter der Schneelast plötzlich bricht, als eine einzige weitere, winzige Flocke darauffällt. Einen Menschen zu lieben ist das Bemühen, sich wechselseitig an der Veränderung teilhaben zu lassen und dabei auch für das Neue Sympathie aufzubringen.

Lieben ist etwas sehr Individuelles, Unterschiedliches, nicht leicht Bestimmbares und etwas, bei dem ich mir nicht anmaße festzulegen, was ideal, gut oder richtig bzw. falsch ist. Obwohl ich in der Regel von einer exklusiven Zweisamkeit als Inbegriff der Liebe ausgehe, kann ich auf Biografien zurückblicken, die über viele Jahre relativ gut auch in einer Dreierkonstellation zurechtkamen. In anderen Kulturen gibt es Polygamie und vielfältige andere Formen des Zusammenlebens.

Fast alle meine Paare wissen zu schätzen, dass sie sich hundertprozentig und mehr auf ihren Partner verlassen können. Wobei die meisten das auch über die Person sagen, die sie als Trauzeuge an ihrer Seite haben wollen, weil sie mit ihr ebenfalls durch dick und dünn gegangen sind. Dieses Vertrauen und die Stabilität sind die Säule auf der einen Seite. Auf der anderen Seite steht dann aber auch das Besondere, der Kick und, ich nehme an, auch das erotische Abenteuer, das diese Beziehung über das Vertrauensverhältnis zum Trauzeugen oder der Familie hinaushebt.

Kannst du mir sagen, was Liebe ist? Nein, denn die Tätigkeiten sind es nicht und das Wohlwollen dem anderen gegenüber auch nicht – zumindest nicht allein und ausschließlich. Es ist das Abenteuer, das Geheimnis des Lebens, das zu wenig wäre, würde es nur um sich selbst kreisen. Dabei schließe ich nicht aus, dass ich auch ein Hobby lieben kann: ein Pferd, die Berge, Briefmarken, etc. Es gibt Menschen, die setzen für solch eine Leidenschaft auch ihr Leben aufs Spiel. Es gibt Menschen, die lieben ihren Beruf über alles, womit ich wieder beim Zölibat angelangt wäre. Man kann den Beruf des Pfarrers so lieben, dass man darüber hinaus keine enge, ausschließliche Beziehung zu einem anderen Menschen will, dass Erotik und sexuelle Kontakte unwichtig werden.

Ich möchte auf keinen Fall behaupten, dass nur der Mensch wahrhaft Mensch ist, der sich an einen anderen bindet und mit diesem sexuell verkehrt. Für falsch hielte ich solch ein verallgemeinerndes Denken, das behauptet, Sex und Zweisamkeit seien genauso lebenswichtig wie Essen und Trinken. Trotzdem erachte ich Partnerschaft und Sexualität als sehr wichtig für das Menschsein. An den Liebesgeschichten vieler Paare im Jahr teilhaben zu dürfen ist für mich ein großes Geschenk, das mir immer aufs Neue bewusst macht, wie viel mir meine Partnerin, jetzt meine Frau, und die Kinder bedeuten.

Ich wünsche mir, dass wir als Paar und als Familie möglichst lange glücklich zusammenhalten, aber ich nenne das nicht lebenslange Treue schwören. Mit solch abstrakten Worten habe ich es ja gar nicht. Das, was wir heute Liebe nennen, wird sich wandeln, sowohl zu den Kindern, als auch zwischen uns, dem früheren Liebespaar. Das Bild, vertraut und hochbetagt auf der Bank vor dem Haus zu sitzen, den spielenden Enkeln zuzusehen und im Herzen auf die schöne Vergangenheit zurückzuschauen, gefällt mir. Aber ich kenne unzählige andere Konstellationen, so dass ich sehr wachsam darauf achte, was sich als Veränderung abzeichnet, sehr bemüht bin um das, was als Verbindung gepflegt werden will, und sehr dankbar bin für das, was man nicht oft genug und stolz als seine Liebe feiern kann.

Darum entwerfe ich nicht nur Hochzeitsrituale am Anfang einer Ehe, sondern gern auch Feiern, die andere als Zeugen und Freunde teilhaben lassen an der Liebe im Prozess. Neben einem Versprechen, sich auch um eine zukünftige positive Entwicklung der Zweisamkeit zu bemühen, wird hier der Dankcharakter deutlich, der die Kraft stärkender Erinnerungen freisetzt. Und wie beim Joggen auch: Man kann natürlich alleine laufen, aber in der Gruppe macht es mehr Spaß. Wer seine Liebe unter Gästen feiert, gibt ihr damit ein besonderes Gewicht.

Reden und Schweigen

Reden ist Silber, Schweigen ist Gold.

Das haben wir uns hinsichtlich unserer teils heimlichen Beziehung damals auch gedacht. Im Ort und bei Freunden war sie klar akzeptiert, aber sie wurde nur selten im engsten Kreis angesprochen. Auch in den Familien mischte man sich in unsere Liebe nicht ein. Der Generalvikar hat ein paar Mal, angestoßen durch Anschuldigungen von außen, versucht, mich zur Rede zu stellen, aber es blieb meist im Allgemeinen: ja, sie ist meine Freundin, aber so nenne ich auch andere; ja, es ist eine sehr spezielle Beziehung, aber das ist wohl jede zu einer Frau im Pfarrhof; ja, wir schlafen hier unter einem Dach und was wollen Sie da genauer wissen? Schweigen.

Reden und Schweigen ist nicht nur in diesem heiklen Fall gar nicht so einfach. Deswegen gibt es ja Kommunikationsberater für Unternehmen, Ehen, Familien usw.

Im Studium hat mich die Philosophie Wittgensteins angeregt über das zu sinnieren, was man nicht sagen kann. Wovon man nicht sprechen kann, darüber muss man schweigen, sagte er. Im Schweigen der Meditation machte ich Erfahrungen, die schwer in Worte zu kleiden sind. Die Sentenzen der Mystiker klingen für kritische Denker eher nach Halluzination. Aber besonders schlau wurde ich auch nicht bei den Traktaten der großen Theologen. Da tauchen Begriffe auf wie Transsubstantiation, Trinität, Wesen und andere Abstrakta, die zunächst mit der Erfahrung nichts gemein haben. Sicher sagen auch Physiklehrbücher einem Laien nichts, doch geht es in Glaubensformeln um etwas anderes. Sie wollen zum Leben etwas zu sagen haben. Doch auch nach Jahren des Studiums konnte ich niemandem die Transsubstantiation erklären, also was passiert, wenn die Hostie durch die Wandlung zum Leib des Herrn wird. Darum nennt man diese Wahrheiten auch Glaubensgeheimnisse. Um für Jesu beider Naturen – als wahrer Gott und wahrer Mensch, ungetrennt und unvermischt – einzutreten, haben sich Märtyrer hinrichten lassen. Dass derartige Glaubensformeln und Bekenntnisse Menschen todesmutig machen, verstehe ich nicht.

Sehr viele Paare erzählen mir, sie würden an etwas Größeres glauben, aber darüber könnten sie nicht mehr, nichts Konkreteres sagen. Und Hinterbliebene meinen wohl oft, meine Bereitschaft zu einer Trauerrede zu erhöhen, wenn sie sagen, dass der Verstorbene »schon was geglaubt habe«. Ich bin dazu natürlich gerne bereit. Für mich spielt es keine Rolle, ob jemand an eine höhere Macht, an einen Gott in irgendeiner Form geglaubt hat. Eine Trauerrede, die den Verstorbenen ehrt und ihn den Angehörigen ins Gedächtnis ruft, eine Rede, die vielleicht auch ein wenig Trost spendet: Das ist selbstverständlich etwas, das meiner Ansicht nach allen Menschen, allen Angehörigen zusteht. Für einen Pfarrer ist dieses vage »etwas geglaubt haben« in der Regel eher etwas Negatives.

Wenn Trauernde sagen, das Wesen des anderen hätte sich in den letzten Jahren gewandelt, dann meinen sie damit etwas anderes, als wenn Theologen vom Wesenswandel der Hostie reden. Die Sprachspiele der Kirchen werden zunehmend weniger verstanden. Ganz zu schweigen von süßen Kirchenliedern, die textlich wenig für die Daseinsbewältigung hergeben. Das tun aber oft auch die Phrasen der Predigten nicht. Nichts als große Worte. Aufgeblähter Pathos. Leeres Gerede. So schimpfen meine früheren Schäfchen über die lokalen Sonn- und Feiertagsreden.

Heute bin ich sehr zurückhaltend, wenn ich nach abstrakten Worten befragt werde. Sinn, Glück, Diesseits, Treue, Wahrheit, Demut, und wie sie alle heißen, könnte man wortgeschichtlich natürlich ausloten. Ich frage zurück, was einen Menschen bewegt, über das Allgemeine zu reden, wo doch das Konkrete viel näher ist. Das hat der Philosoph Sokrates auch schon getan. Er fragte den anderen so lange zurück, bis dieser auf das kam, was ihn eigentlich bewegte.

Ich war ja selbst lange ein sogenannter »Sinnsucher« und versteckte hinter dieser akademischen Übung meinen Zustand der Unzufriedenheit mit meinem Leben, so wie es eben war. Ich vermute, hinter vielen hochtheoretischen Wortgefechten stecken ganz praktische Alltagsdinge. Freilich bin ich nicht dafür, komplexe Sachverhalte zu trivialisieren, aber auch nicht dafür, dass jemand das, was ihn bewegt, hinter einer Fassade der Gelehrsamkeit verbirgt. Der beste Schlüssel, das Gemeinte zu verstehen, ist zu sehen, wie jemand lebt.

Auf meinen Traumberuf Pfarrer übertragen würde das bedeuten, dass hier einer die Person Jesu darin vergegenwärtigt, was er bei ihr für das Wichtigste hält. Meiner Meinung nach war das nicht sein Mannsein oder eine vermutete Ehelosigkeit. Er hat auch kein Amt bekleidet, in einem Gebäude residiert und es verwaltet. Er ging unter die Leute als erfahrbare Frohbotschaft.

Auch er hat geredet von den Dingen, die ihm wichtig waren, aber nicht so wie die Gelehrten seiner Zeit, sondern in Gleichnissen, die jeder verstehen konnte. Keine philosophische Gotteslehre kam über seine Lippen, sondern ein Zuspruch für den, der im Namen eines mächtigen Gottes klein gehalten worden ist. Das schwierige Wort Gott wurde fokussiert im Bild des *Abba*, des Vaters, um auszudrücken, was in einem Wort nicht zu fassen ist: Vertrau ihm, dem Leben, hab keine Angst.

Ob man nun aus den überlieferten Evangelien Jesu wahre Worte herausfiltern kann, finde ich gar nicht so wichtig. Es wird in ihrer Verschiedenheit aber die Tendenz deutlich, worum es ihm ging und was seine Freunde bewegte, nach seinem grausamen Tod nicht schweigend zum Alltag zurückzukehren. Missionarisch waren seine Anhänger am Anfang, sie gingen auf Leute zu, stifteten Gemeinschaft, entzündeten Solidarität, rangen aber auch mit den religiösen Strukturen des zeitgenössischen Judentums. Es ist ein Riesenunterschied, ob eine charismatische Persönlichkeit eine Bewegung auslöst oder ob aus diesem sprudelnden Quell wieder ein Bach, Fluss, Kanal oder dergleichen wird, der im Strom der Zeit allerhand Treibgut mitschwemmt – und dazu gehört nicht nur das Gebot der Ehelosigkeit für Matrosen, die treu und gehorsam befolgen, was Steuermann und Kapitän befehlen. Die Kirche gab es anfangs ja nicht in ihrer heutigen Form, sondern es gab charismatische Persönlichkeiten. Jesus natürlich, aber auch er hatte Parallelfiguren wie Johannes den Täufer. Und Jesu Freundeskreis bestand aus weiteren starken Typen: Petrus, Johannes, Jakobus, später auch Paulus. Je größer der zeitliche Abstand zu diesem Anfang wurde, desto mehr musste man den Gläubigen, die nun nicht mehr »Augenzeugen« waren, in Traktaten und Regelungen sagen, was zu tun ist. So kamen schon in den Paulusbriefen Streitfragen auf, die von den Autoritäten geregelt wurden. Auch da haben sich Paulus und Petrus schon gezofft. Und immer mehr verwandelte sich die Kirche aus einer lebendigen

Botschaft in ein Traktat, aus einer neuen Lebensweise wurde ein System von Regelungen und Verboten.

»Wovon das Herz voll ist, davon spricht der Mund«, hat schon Jesus gesagt (Mt 12,34). Wer also nur auf das hört, was die Obrigkeit sagt, und nicht auf das, was das Herz sagt, kann nicht im Sinne Jesu verkünden.

Ich wurde zum Schweigen angehalten. Zunächst verschwieg ich unsere Liebe aus Angst und damit die Obrigkeit nicht sofort einschreitet, später in der Hoffnung, dass die Kirche ihr Versprechen wahrmacht und mir einen beruflichen Neustart ermöglicht.

Es gibt eine Verschwiegenheit, die sinnvoll ist, weil dir jemand etwas anvertraut, was noch nicht spruchreif ist. Man muss sowieso nicht alles, was man zu hören bekommt, an die große Glocke hängen. Ich denke dabei an die Geschichte, die man Sokrates zuschreibt. Ein Wichtigtuer kommt zu ihm gerannt und will ihm dringend etwas sagen. Der Gelehrte wehrt ab und bittet, die Botschaft durch drei Siebe zu reinigen. Nur was geprüftermaßen wahr ist, was zu wissen notwendig ist und noch dazu gut, möge sein Ohr berühren. Leider hält die Botschaft dieser Prüfung nicht stand und endet daher im Schweigen. Wie viel ich von mir preisgebe, ist in der heutigen Zeit eine große Frage, in der weniger der Nachbarschaftstratsch, sondern nun Social Media verheerende Folgen nach sich ziehen können.

Meine Nachbarschaft zu Pfarrerszeiten bekam vieles mit, ohne dies gleich dem Bischof zu melden, und ich glaube, gerade die Tatsache, dass wir unsere Beziehung nicht verstohlen zu verstecken getrachtet haben, hat uns vor Ort viel Sympathie eingebracht. Transparenz, eine Haltung, die niemanden hinters Licht führen oder gar für dumm verkaufen will, wird geschätzt. Während die Kirche über ihr Finanzgebaren etc.

nur scheibchenweise und beschönigend redet, spricht sie von den Dingen, über die man nichts exakt Beweisbares weiß und wissen kann, umso lauter und pathetischer. Es wird von Gott, dem Jenseits, den Heiligen getönt. Mir schiene es angebrachter, offen und klar über die Struktur, Finanzen, Einflussnahmen der Kirche zu reden – und von dem Geheimnis des Lebens ehrfürchtig zu schweigen.

Ich rede gern über meine Hoffnung, dass das Elend in der Welt nicht das letzte Wort haben darf, dass die Gemeinschaft, die so guttut, stärker werden möge, dass das Engagement für Hilfsbedürftige wachsen und die Liebe siegen möge. Ich weiß, dass die eigene Kraft gering ist und manches wie bei Sisyphos oft sehr vergeblich wirkt, so dass Mut und Energie abnehmen. Da mag die Rede von einem Gott, der stärker ist, schon eine Sprachform sein, die weiterhilft und vor Verzagen schützt. Zumal, wenn man im Widerstand gegen alle Resignation das erfahrene Glück gemeinsam feiert, braucht man Sprachformeln, die diesem Optimismus Ausdruck geben: Gott sei Dank!

Jedoch wird in diesen Arten der Gottesanrede nicht abstrakt ein Etwas beschrieben, das wie die anderen Dinge dieser Welt da ist, sondern ein Etwas im Menschen, das bestärkend wirkt und darum eben irgendwie auch personal gedacht wird.

Auch ohne von Gott zu reden kann ich froh und den Menschen zugewandt leben. Und ich hoffe, dass man das an meinem Tun mehr sieht, als an meinen Worten hört.

Der Sinn des Rekapitulierens

Mein Leitspruch lautet: Ich mache aus Ihrer Liebesbiografie eine Liebeszeremonie. So einzigartig wie Sie beide sind, so einmalig soll auch Ihre Vermählungsfeier sein. Bei Beerdigungen gilt dies analog. Anhand der Lebensgeschichte des Verstorbenen suche ich Sinngeschichten für die Lebenden.

Neben dem finanziellen Lohn, den dieses Tun mir bringt, werde ich mit spannenden Geschichten belohnt, an denen ich teilhaben darf. Wenn Liebende mir erzählen, was sie geprägt hat und wie sie zueinanderfanden, dann öffnet sich bei mir auch das Schatzkästchen der Erinnerung. Erinnerungen sind das Paradies, aus dem wir nicht vertrieben werden können, sagt ein Sprichwort.

Wir erleben Geschichten und schreiben Geschichte – meist keine große, auf die die Welt mit Interesse blickt, aber eine besondere, auf die wir selbst mit Stolz schauen sollten. Dieses Gut kann uns keiner mehr nehmen. Zeit ist nicht verstrichen, sondern angesammelt worden. Sie mitzuteilen, sie mit anderen zu teilen, vermehrt sie auf beiden Seiten. Der Erzähler gewinnt im erinnernden Erzählen eine neue Sicht und der Zuhörer taucht ein in etwas, das ihm so selbst nicht möglich war zu erleben.

Gelegenheiten dazu gibt es oft. Meinen Fünfzigsten verbrachte ich abends ganz allein im Wellnessbereich eines Tagungshotels. Der Kurs für den Folgetag war fertig vorbereitet, also genoss ich es, entspannt einzutauchen in angeblich vergangene Zeit. Strahlend sah ich mich vor meiner Viertklasslehrerin, als ich für die Hauptrolle in einem Theaterspiel gelobt wurde. Ich spürte geradezu dieses erhebende Gefühl, vor Eltern und Schülern geehrt zu werden. Mein Gefühl sprang zurück in eine andere Situation. Ein Lehrer schlug damals zwei Schüler, die russischer Abstammung waren, blutig. Da wallte in mir der Zorn auf, ich schrie ihn an und musste nachsitzen, lief aber davon und erzählte es meiner Mutter. Die kam und verteidigte mich wie eine Löwin und ich spürte mein pochendes Herz. Gedankensprung: Als übermütiger Kaplan war ich in den Bergen und wollte mich an einer leichten Kletterstelle beweisen. Es wurde immer schwieriger. Mit Wanderhalbschuhen hing ich plötzlich im Freien, fing an zu beten, um meine wackelig werdenden Knie stabiler werden zu lassen. Was mentale Kräfte bewirken, wurde mir da lebensrettend bewusst. Auch hier überschlug sich mein Herz bei einem stillen Gebet am Gipfelkreuz. Immer noch im Ruheraum der Sauna fühlte ich mich in einem meiner Studentenzimmer liegen, melancholisch versonnen und manchmal sehr allein – so wie jetzt auch auf der Liege. Und wie plötzlich kam der Wunsch in mir auf, jetzt fortzugehen, mich in die Menge zu werfen, auf Wildfremde zuzugehen, wie ich es damals machte, als ich in Würzburg mein Minizimmer verließ und mutig über die Schwelle in die Zusammenkunft einer Burschenschaft trat. Mit vergleichbarem Elan leitete ich schon als Schüler große Jugendevents oder kleine Diskussionsrunden. Meine Erinnerung sprang in diesen vier Stunden in immer neue Situationen, die längst vorüber schienen. Das schlechte Gewissen, als ich einmal ein

Buch mitgehen ließ, die Enttäuschung über meine erste Lateinfünf, das erhabene Gefühl des Frischgeweihten, die Verzweiflung, allein mit 18 in Rom ein Quartier suchen zu müssen, das Prickeln in der Nähe hübscher Mädchen beim Tanz im Priesterseminar, die Traurigkeit, allein zu sein, und vieles mehr. Ich ließ mir die Zeit, diese Schätze zu heben. Ich trat meiner Mutter gegenüber, die ich sehr liebte und die schwer leidend gestorben war, und war in einem inneren Gespräch mit ihr. Ebenso sprach ich mit früheren Chefs und konnte ihnen auf diesem Wege sagen, was ich damals empfand. Es war kein Frust, sondern Versöhntheit zwischen uns und Dankbarkeit, denn gelernt habe ich jeweils sehr viel. Mein großes Vorbild, ein Pater, der mich innerlich so stärkte und formte, dass ich ohne ihn wahrscheinlich im Leben gestrauchelt wäre, stand vor meinem inneren Auge in seiner heiteren Fröhlichkeit. Sein klarer Blick schenkte mir hier wie damals viel Zutrauen, er musste kein großes Wort an mich richten. Es waren seit langem die wichtigsten vier Stunden, die keine noch so tolle Geburtstagsparty hätten wettmachen können.

In meiner Pfarrei habe ich mich zunächst gesträubt, eine Chronik zu schreiben. Erst als der Generalvikar mich dazu mahnte, entdeckte ich den Wert des Innehaltens und Rückschauens. Für unsere Hundertjahrfeier wollte ich dann 2002 – noch nicht ahnend, dass ich 2003 aufhören würde müssen – mit vielen anderen Helfern ein Buch herausgeben. Dabei lerne ich durch andere, wie spannend es ist, nicht nur nach vorne zu schauen, sondern das Gewordene zu rekapitulieren. Zusammen mit Schülern befragten wir die alten Menschen, ließen uns erzählen, zeichneten auf, besprachen, gingen an Originalschauplätze, organisierten eine große Ausstellung im Pfarrheim. Das war ein bereicherndes Erlebnis.

Später, nicht mehr Pfarrer, habe ich in Altenheimen zu Biografiearbeit angeleitet. Ziel war, nicht nur die betagten Menschen zu verstehen, sondern auch Jung und Alt zusammenzubringen und für das eigene Leben Anregung zu erhalten.

Heute sind die Mittel und Möglichkeiten so einfach, eine »Doku« zu drehen, zu der ein älterer Mensch das Drehbuch liefert und ein junger die Technik. Ich bin froh, dass ich meine Mutter bewegen konnte, Geschichten ihres Lebens aufzuschreiben, und lese gern darin, wie sie im Kindergarten die anderen auf dem Weg zur Schaukel austrickste und überholte, wie sie die Güte ihrer Großeltern erlebte und vieles mehr. Mein Vater erzählte eher in praktischer, handfester Weise von dem kleinen Bahnhäuschen und dem heimlichen Schlachten im Krieg, dem Tod seines Vaters und seinem Glück, im Krieg als Junge ziemlich schadlos davongekommen zu sein. Als guter Erzähler durfte er vor Kurzem in meinem früheren Gymnasium als Zeitzeuge von damals berichten.

Mir haben einige Menschen vieles aus ihrem oft sehr schwierigen Leben anvertraut. Wir haben Wege gefunden, die Dinge so zu dokumentieren, dass damit die Kinder und nachfolgende Generationen gut umgehen können. Es hat nichts mit meiner theologischen Ausbildung zu tun, gewährt aber Erfüllung, immer wieder mithelfen zu dürfen, dass kleine Biografien entstehen – und wenn diese nur der eigenen Aufarbeitung und Sichtung der Vergangenheit dienen.

Der Zweck derartiger Biografiearbeit kann sehr verschieden sein. Mein Vater sollte Schülern die vergangene Zeit erklären. Meine Mutter mir ihre prägendsten Erlebnisse anvertrauen, damit ich durch sie ein Stück meines Naturells besser verstehe. Ein Verein oder eine Kirchengemeinde kann ihre eigene Geschichte auf diese Weise lebendig machen. Ein Altenheim sucht nach Wegen, mit den Bewohnern stimmig umzugehen. Ich selbst wollte in mir Wesenszüge aufstöbern, die mich heute noch bestimmen. Mit diesem biografisch orientierten Buch will ich andere zum Nachdenken anregen.

Wer andere bei ihrer Reise in die Vergangenheit begleitet, kann auch während des Erzählens aufwühlende Dinge erleben. So ging es mir, als ich einem dem Tode nahen Kriegsveteran zuhörte und er mir – vielleicht zum ersten Mal seit 60 Jahren – von den Gewissensbissen berichtete, die er hatte, als er einen grausamen Einsatz im Balkan gegen Partisanen leiten musste. Tränen und Wutausbrüche, Beschuldigung und Entschuldigung, Schimpfen und Weinen folgten im sprunghaften Wechsel. In einem Altenheim berichtete mir auch eine sehr alte Frau von der Scham, missbraucht worden zu sein. Es sind nicht nur Begegnungen mit Menschen, die ihr Resümee aus den Heldentaten ihrer Geschichte stolz in einem Buch verkünden wollen.

Ich bin froh, nicht als Psychotherapeut Traumatisierungen und andere schwere psychische Probleme mit Patienten aufarbeiten zu müssen, sondern dass ich als interessierter und einfühlsamer Zuhörer eine Atmosphäre schaffen kann, die es Menschen ermöglicht, mit ihrem Gewordensein in Berührung zu kommen. Auch da kann es bisweilen eine sehr schöne Übung sein, im Zustand der Entspannung gleichsam assoziativ Szenen auftauchen zu lassen, wie sie einem von tiefen Schichten des Unterbewusstseins zur Verfügung gestellt werden. Ich selbst tue dies gern: mich gedanklich in eine frühere Begebenheit zurückzuversetzen. So, als würde ich mich in eine schöne Situation beamen, die ich noch einmal nacherleben kann, um aus dem auftauchenden Glücksgefühl Kraft für das Hier und Jetzt zu tanken. Darin scheint mir die Krux zu liegen: dass viele sich an Negativerlebnissen weiden und dann wundern, dass es sie so depressiv stimmt. Klar möchte ich meine Geschichte nicht zu einer puren Erfolgsstory hochstilisieren, möchte für mich sehr genau anschauen, was wann warum auch nicht so beglückend verlief, um daraus meine Schlüsse zu ziehen und offene Themen abschließen zu können. Gerade was wunde Punkte angeht, die einfach im Lauf der Zeit überdeckt wurden: Viele leiden darunter, dass minimale Auslöser ein schlechtes Gefühl hervorrufen. Ich merke das ja auch bei mir selbst, wenn ich bei bestimmten Bemerkungen oder Verhaltensweisen meiner Frau seltsam reagiere. Dann fühle ich mich gedemütigt, als Bittsteller oder sonst wie und sehe mich wie früher, wenn der kleine Anton dumm angesprochen wurde und sich nicht zu helfen wusste.

Bei der Biografiearbeit geht es mir also nicht darum, mich aus dem Strom der Zeit hinausstehlen zu wollen, sondern mich gerade für diesen Strom zu wappnen, damit mich darin nicht jeder kleine Strudel aus der Bahn wirft. Was mir vor zig Jahren ein Profisportler für den Start eines Skirennens riet – mich an einen tollen Sieg und den Jubel am Ziel zu erinnern –, habe ich später im NLP (Neurolinguistisches Programmieren) als Ankern positiver Energieerlebnisse besser einzuüben gelernt. Bibbere in schwierigen Momenten nicht ängstlich wie der kleine Anton, sondern denk' an deine Größe, an deine Stärken und deine Erfolge, an das Schöne. Als ich damals mehrfach zum Bischof, Generalvikar und anderen hohen Kirchenvertretern musste, hat mir das sehr geholfen. Und da sehe ich auch ein Manko der kirchlichen Mitarbeiter, die sich oft in die Schublade des Sünders, des kleinen unwürdigen Menschleins stecken lassen und daher eine Heidenangst vor der Obrigkeit haben. Was kann denn einem Pfarrer in Amt und Würden passieren? Was ich bei Schülern und Studenten oft im Negativen zu viel erlebte, dass da ein Jungspund mit dem frechen Selbstbewusstsein eines Weltstars einen flapsig anredet oder gar kommandieren will, das erlebte und erlebe ich als genaues Gegenteil in der Kirche, als Unterwürfigkeit der Pfarrer gegenüber hohen Kirchenvertretern. Nach unten, den Gemeindegliedern gegenüber, wollen sie den Anschein erwecken, ein Weltregent zu sein, nach oben trauen sie sich nicht zu sagen, was sie für richtig halten. Kein Wunder, dass dann die da oben immer weniger realistisch einschätzen können, was in den Gemeinden eigentlich los ist.

Und wo wir schon bei Wundern sind, darf ich verweisen auf die Jesus-Biografien, die voller Wunder sind. Biografie und Religion lautet daher mein nächstes Kapitel.

»Geld unterliegt im Laufe unseres Lebens der Inflation,
der Wert der Zeit dagegen steigt.
Wer rechtzeitig umwechselt, gewinnt.«
Christian Schütze, ›Teurer Rohstoff Zeit‹

Biografie und Religion

Über Jesus gibt es gleich vier Biografien, nur laufen die unter einem anderen Namen: Evangelium, das heißt Frohbotschaft. Das ist ja ein Vorzeichen, unter dem unsereiner sein Leben auch sehen könnte. Mein Leben, trotz allem Kreuz darin, eine Frohbotschaft. Worüber ich mich gewundert habe und was an Wunden bei mir geheilt wurde. Wie ich immer wieder aufstand aus Niederlagen. Was ich anderen sagen wollte.

Die Bibel ist voll von Biografien, von spannenden Lebenswegen, von auserwählten Personen, und manche sagen, sie ist Gottes Geschichte mit uns Menschen. Es wird dem, was passiert ist, eine Bedeutung beigemessen. Gott, der bei den Griechen zeitlos gedacht wird, tritt im Judentum ein in die Zeit, drückt sich aus im Lauf der Zeit. Damit verändert sich auch das Bild, das Menschen von ihm haben.

Ohne hier eine riesige Bibelgeschichte zu liefern, könnte man das Prinzip auch auf uns heute anwenden und sich folgende Fragen stellen: Was kann ich aus dem lernen, was sich so oder so zugetragen hat? Steckt in dem, was ich erlebe, eine Mahnung oder Ermutigung oder Inspiration für mich?

Die Bibel wird als eine Heilsgeschichte gesehen. Man staunt, wie über Wege und Irrwege sich alles zum Guten entwickelt.

Das ist schon mal ein Kontrapunkt gegen all jene, die sagen, alles wird nur immer schlimmer, die Katastrophe steht vor der Tür. Auch in der Bibel gibt es immer wieder solche Beinah-Endpunkte. Doch immer wieder ging es weiter und dann sogar aufwärts.

Das östliche Denken ist eher zirkulär. Alles kehrt ständig wieder im großen Kreislauf. Das jüdisch geprägte westliche Denken ist eher linear und in dieser Linearität aufwärtsgerichtet. Die Geschichte, die voranschreitet in der Erkenntnis der Liebe, des Bewusstseins, wird irgendwann durch Gott wieder zur endgültigen Fülle geführt werden. Rückschläge gelten als Mahnung zum Sinneswandel. Die Kreuzigung Jesu mahnt, dass wir keine heile Welt erschaffen können; in der Welt wirken viele destruktive Kräfte und wer dagegen anliebt, muss mit dem Schlimmsten rechnen.

In meinen Seminaren und Kursen lade ich oft dazu ein, das eigene Leben vom Ende her zu betrachten. Fragen, wie ich sterben möchte, worauf ich dann zurückschauen möchte, was andere dann über mich sagen sollen, können helfen, jetzt die Weichen richtig zu stellen, wichtige Dinge nicht zu verschieben, stattdessen die Prioritäten schon jetzt richtig zu setzen. Daraus ergibt sich aber auch eine Perspektive, wie ich meine individuelle Geschichte sehe. Ich tue mich schwer damit, meinen Lebensweg so zu sehen, als sei ich eine Marionette und einer da oben würde die Schnüre ziehen. Auch wenn ich dieses eine Mal beim Klettern an einer Felswand als etwas übermütiger junger Priester um Gottes Hilfe flehte und oben angelangt ihm unendlich dankbar war, dass er mich erhört hatte, so scheint mir ein solch seltsames Zusammenspiel zwischen einem Gott und mir doch anzweifelbar.

Aber das Muster taucht immer wieder auf. Als ich in jungen Jahren schwer krank war und in der Krankenhauskapelle mit Gott haderte und ihn um Heilung bestürmte, war mir anschließend klar, dass er mich zu etwas Wichtigem braucht, und ich wurde Pfarrer. Ich nannte unser erstes Kind Dorothea, also Gottes Geschenk, weil ich überzeugt war, dieser schwere Umbruch in meinem Leben ist zwar das Ende meines Pfarrerberufs, aber Gottes Wink, dass ich Wichtigeres vollbringen sollte. Die Geschichte als Heilsgeschichte zu sehen, bedeutet für mich, das, was passiert, als Chance nicht nur zu *be*greifen, sondern auch zu *er*greifen. Sich hadernd dagegenzustemmen oder zu resignieren bringt überhaupt nichts. Ich will meinen Blick auf das Unabwendbare so richten, dass ich darin einen Anruf, einen Weckruf, eine neue Möglichkeit sehe. Deswegen wünsche ich mir trotzdem – wie wohl die meisten –, dass mein Leben im Allgemeinen relativ gemächlich, vielleicht spannend, sonst aber störungsfrei, harmonisch und erfolgreich verlaufen möge.

Ich schreibe täglich meine kleine Biografie, wenn ich am Abend auf den Tag zurückblicke. Selbst dann, wenn ich todmüde bin, lohnt sich diese Rückschau, die für den Priester als Abendgebet ja auch vorgeschrieben war. Was schön war, wird als Erstes aufgelistet, dann folgen die Dinge, mit oder bei denen ich unzufrieden war, verbunden mit der Frage, was ich daraus lernen kann. Manchmal denke ich extra an drei Menschen, die mir an dem Tag wichtig waren – über meine Familie hinaus. Nichts ist schlimmer als ein Leben, das nur so dahinläuft, ohne zu verweilen.

Nach meinen Wünschen gefragt, antwortete ich einmal, alt, weise und gesund möchte ich sein bzw. werden. Da mir dies keine Fee so einfach erfüllen kann, muss ich mir überlegen, was zur Verwirklichung beiträgt. Gesundheit ist größtenteils eine Sache des Lebenswandels. Ich finde zwar die Menschen fürchterlich, die jedes körperliche Symptom sofort als Folge falscher Lebensführung deuten und jeden Schnupfen mit Äußerungen quittieren wie »da wirst du halt von was die Schnauze voll haben«. Dennoch nehme ich oft, ohne mich zu beschuldigen, eine Beschwerde zum Anlass, darüber nachzudenken, was ich vielleicht im Leben ändern könnte.

Gäste, die mich bitten, sie auf einem Pilgerweg zu begleiten, bekommen ein kleines schönes Büchlein, um ihre Erlebnisse darin zu notieren und dies als Anstoß für ein Tagebuch zu nutzen. Bei der Trauerbegleitung ist es schon längst Brauch geworden, sich nicht einfach dem wilden Auf und Ab der Gefühlswallungen hinzugeben, sondern durch ein Tagebuch der Trauer eine Struktur zu verleihen, sie im Schreiben gleichsam anschaubar zu machen. Ein späterer Blick zurück ist dann manchmal sehr trostreich.

Ein solcher geschützter Rahmen einer privaten Alltagsbiografie kann eine Hilfe sein, wenn es gilt, um Vergebung zu bitten. Man kann so einen bevorstehenden schweren Schritt z. B. schriftlich einüben. In dem kirchlichen Abendgebet folgt meist sehr schnell auf die Rückschau das Schuldbekenntnis. Mir ist das zu wenig differenziert und insofern typisch Kirche, als da nur auf die Fehler, das Versagen, die Schuld geschaut wird. Als Gegengewicht setze ich den alten Poesiealbumspruch: Mach es wie die Sonnenuhr, zähl die schönen Stunden nur.

Beim aktuellen Weltgeschehen geht es mir ähnlich. Manchmal muss ich den Fernseher ausschalten, weil mich die Nachrichten zu negativ stimmen. Andererseits möchte ich natürlich auch keine Hofberichterstattung, die mich einlullt und suggeriert, alles sei in bester Ordnung. Die Medien haben den Auftrag, als kritische Instanz das Tun der Mächtigen zu überwachen, Fehler aufzudecken und Alternativen aufzuzeigen – dem stimme ich voll und ganz zu. Aber ich möchte mich bewahren vor einer Weltsicht, die uns unaufhaltsam in den Abgrund trudeln sieht. Die Welt, den Kosmos sich zu vergegenwärtigen macht auch staunen, denn diese Galaxien gibt es schon unvorstellbar länger als uns Menschen. Und so, wie sie fast schon »ewig« ohne uns auskamen, werden sie es nach uns wohl wieder schaffen. Wir kosmischen Wichtigtuer können auf den Lauf des Universums kaum bis gar nicht Einfluss nehmen.

Biografien enden mit dem Tod des Beschreibenden, vielleicht jedoch kann er noch Nachwirkungen skizzieren und Vermutungen darüber anstellen, wie es weitergehen könnte nach seiner Zeit. Aber dann war es das auch. Es gibt Menschen, die für die ganze Menschheit Bedeutsames geleistet oder Schlimmstes bewirkt haben, die für andere zum Heil oder Unheil wurden. Manche Namen bewahrt die Weltgeschichte ehrenvoll auf, andere gehen im Staub der Geschichte unter.

Mich macht es stutzig, dass immer mehr Menschen anonym beerdigt werden wollen, auf dass ihr Name von der Bildfläche verschwinde. Ein Stückchen bedeutsam zu sein, solange sie leben, genügt, dann wollen sie untertauchen im Land des Vergessens. Die Kirchen wettern dagegen. Ihr Jenseitsglaube macht den Einzelnen bedeutsam auf immer und ewig. Die Lebensgeschichte wird vor Gottes Richterstuhl geprüft und dann gibt es ein »ab in den Himmel« oder erst nach einer Zeit im Fegefeuer ein »ab in die Hölle«. Wollen Menschen mit dem anonymen Grab auch sagen, dass mit dem Tod alles aus ist, kein Gericht folgt und demnach auch kein Lohn bzw. keine Strafe? Oder wollen sie nur dem angeblichen Trara des Bestattungswesens ein Schnippchen schlagen? Mir selbst bedeutet es ebenfalls wenig, ob die Generationen nach mir über mich nachdenken, mich durch ein (Grab-)Denkmal ehren oder in der Grabrede mein Lebenswerk rühmen. Meine Familie kann sich gern auf mich besinnen, um für ihr Weiterleben zu lernen. Wenn meine Ideale dort weiterwirken, dann finde ich das aus heutiger Sicht auch gut. Schlicht, nachdenklich, ein bisschen versonnen, wie ich es halt jetzt bin, so sollte auch mein Begräbnis sein. Ich könnte all das auch jetzt schon entwerfen und damit eine letzte Aussage an die Welt und die Meinen richten.

Im Prinzip kann es mir egal sein, wie dann die Leute von mir und über mich reden. Doch so, wie es mich stolz macht, wenn man meine Lieben schätzt, so nehme ich an, stärkt es auch meine Angehörigen, wenn andere sagen: Der Anton war ein toller Kerl. Anonym, das hieße dagegen für mich: Den kannst du vergessen, der war eine Nullnummer. Ein bisschen wollte ich schon Heilsgeschichte für andere sein – und sei es nur, weil sich andere an mir und meinem Denken gerieben haben.

Dieses Denken könnte man auch meine Spiritualität nennen. Die abendliche Tagesreflexion ist ein Teil, der genauso wichtig ist wie meine morgendliche Übung, nicht holterdiepolter vom Weckerklingeln in das Tagesgetümmel zu stürzen, sondern den Tag langsam und bewusst angehen zu lassen. Es ist nicht der berühmte linke oder rechte Fuß, der beim Aufstehen den Tag bestimmt, jedoch die Haltung, mit der ich mich dem Tag öffne.

Dankbar will ich selbst Herr über die Termine und Aufgaben bleiben und setze mir so in der Vorstellung zuerst meine Krone auf. Nicht ich (be-)diene den Computer, sondern er hat meinen Zielen zu dienen. Das frische, klare Glas Wasser, das ich still Schluck für Schluck genieße, macht mir bewusst, dass ich nicht alles schlucken muss, was kommt, dass ich bestimme, was ich zu mir nehme. Der Blick in den Spiegel, das Wasser auf der Haut, die kühle Morgenluft sind Rituale, mit denen ich auf das Geschenk des neuen Tages zugehe. Sicher gibt es auch bei mir Tage, an denen ich am liebsten im Bett bliebe, aber es geht nicht um Ausnahmen, sondern um die Regel und damit Regelmäßigkeit, die ihre heilende Kraft an meiner Geschichte entfaltet. Es sind im Grunde alte kirchliche Vorgaben, die ich neu fülle. Bei uns im Dorf hört man den Klang der Glocken, bei denen meine Mutter immer innehielt, die Arbeit ruhen ließ und verweilte. Als Unternehmer ertappe ich mich dabei, dass mich der Klang des Telefons aus jeder Arbeit reißen darf. Dabei ist zweckfreies Innehalten gerade für das kreative Schaffen so wichtig. Auch dieses absichtsfreie Mal-nichts-bedenken-Wollen und Hinausgehen nur zum Atmen und Schauen ist Teil meiner Spiritualität. Dasjenige und derjenige, der andere Gedanken anstößt, ist mir Mittel zur Spiritualität. Sollte es einen Gott geben, der all das Schöne der Natur gemacht hat, dann hat er es nicht nötig, dass ich beim Spazierengehen dauernd Halleluja rufe, dann genügt es ihm sicher, wenn ich freudig den Atemzug genieße und mein Herz mit jedem Meter weiter wird.

Spirituell ist nicht ein Wortgebilde, das sich an einen nicht genauer vorstellbaren Gott wendet, sondern eine Lebensweise, die dankbar, wach, reflexiv zu mehr Leben führt und dabei den anderen nicht aus dem Blick verliert. Klar kann ein Gottesdienst als Auszeit, als fröhlicher Gesang, als tragfähiges Gemeinschaftserlebnis, als erhebendes Ritual, als inspirativer Impuls und vieles mehr auch Teil eines spirituellen Lebens sein, doch ist er nicht notwendig, um einen griesgrämigen Jenseitsherrscher zu erfreuen. So sehe ich auch meine Pilgerwege nicht als theoretisches Getüftel, um das Geheimniswort Gott zu knacken, sondern als einen Weg des Erlebens, Nachsinnens, Bewusstwerdens. Gespräche, Atemübungen, Geschichten, Gedichte und vieles andere mehr helfen dabei, den Geist zu klären und meiner Biografie neue Impulse zu geben.

Immer mehr entdecke ich, wie viele hilfreiche Dimensionen in der Welt der Kirche und des Glaubens schlummern, würden sie nicht von einer Staubschicht an abstrusen Vorstellungen zugedeckt.

Seit jeher wollte ich Menschen zu einem intensiveren Leben verhelfen. Nur musste ich mich dabei selbst erst einmal freischwimmen von dem Seetang der Kirchen, der einen Blick in die Tiefe verhindert und ein Vorankommen erschwert. Statt einem Blick auf ein Jenseits lernte ich durch meine Geschichte, den Blick auf das Diesseits zu richten und damit eine nichtmetaphysische Religiosität zu entdecken.

Mein Leben heute

Der Wecker klingelt heute fünf Mal die Woche um 6.15 Uhr. Früher war das höchstens ein bis zwei Mal die Woche der Fall. Und auch wenn ich heute am Wochenende nicht mehr zur Kirche muss, ist die Nacht spätestens um sieben zu Ende: Länger schlafen meine Kinder (noch) nicht.

Dafür warten am Abend keine Termine mehr. Nur noch ein Termin: die Kinder um acht Uhr ins Bett bringen. Aber den Hauptpart dabei erledigt meine Frau und ich mache in der Wohnküche wieder Klarschiff – Startposition für den nächsten Morgen. Und dann folgt regelmäßig das wunderschöne Gefühl von Feierabend, wenn meine Frau von den Kinderzimmern zu mir kommt und wir noch Zeit zum Reden haben. Früher kam ich frühestens um 22.00 Uhr von Sitzungen, Bibelabenden und Planungsrunden zurück. Früher musste ich zwar kaum kochen. Man kann das aber auch Arbeit nennen, wenn man seine Schäfchen so rege besucht. Solche Besuche gibt es nur noch ganz wenige, Zeit ist ein rares Gut.

Liebe hingegen gibt es genug. Ja, so ein kleines Rudel tut schon gut. Das Alter meiner Kinder ist angenehm. Sie sind keine quäkenden, immer mal kranken Babys oder Kleinkinder mehr, die man ständig im Visier haben muss, damit nichts

Schlimmes passiert. Sie sind auch noch nicht kratzbürstig pubertär, was Eltern und Jugendliche gleichermaßen oft Nerven kostet. Nein – ich genieße die Zeit mit ihnen. Meine Schulkenntnis hilft mir, ihre Hausaufgaben noch zu verstehen, und ihre PC-Kenntnis stellt mich noch nicht bloß. Auch kann ich mithalten, wenn wir Fußball spielen, und sie ab und an zum Wandern motivieren.

Das meiste ist ganz normaler Alltag und Landleben, was so viel bedeutet wie das Familientaxi zu sein, wenn die Töchter zum Tanzen, Klavier- und Flötenunterricht, Sport oder zu Freundinnen wollen. Aber das viele Fahren bin ich ja bereits gewohnt. Ja – früher – da kannte mich jeder als den, der immer zu Fuß unterwegs ist, Kranke besucht, die Menschen im wahrsten Sinn des Wortes dort abholt, wo sie sind. Jetzt muss ich weit hinaus in die Welt. Zu einer Beerdigung von 45 Minuten Dauer hin und zurück 420 Kilometer und fünf Stunden im Auto sitzen: Das ist keine Seltenheit. Früher traf ich meine Schäfchen immer wieder, das Wort von der Pfarrfamilie ist zwar überhöht, aber das Zueinander war geprägt von großer Dauerhaftigkeit und langfristiger Vertrautheit. Heute sind es meist eher kurzlebige Kontakte. Ein Kennenlernen vor der Zeremonie, die Zeremonie selbst und dann vielleicht noch ein Treffen hinterher müssen genügen, für mehr sind die Wege einfach zu weit. Manchmal ergibt sich ein Wiedersehen bei einer anderen Hochzeit oder einer Beerdigung. Ich finde das sehr schade, weiß aber, dass es nicht möglich ist, mit so vielen Menschen in entfernteren Orten eine dichte Beziehung zu pflegen.

Umso wichtiger ist es mir, die Beziehungen zu pflegen, die im Laufe der Jahre gewachsen sind. Meine alte Pfarrei ist mir so ein Anker geworden, den ich immer wieder lichte, um in die weite Welt hinauszufahren, der mir aber daheim Sicherheit und Zugehörigkeit schenkt. Hier fühle ich mich zu Hause, berichte aber auch gern von dem, was ich nun alles an Vielfalt draußen entdecke. Hier tanke ich auf, wenn ich beim Spazierengehen dicht am Herzschlag der Jahreszeiten Atem hole und die Stille genieße. Hier lebe ich mein großes Hobby aus und gehe in den Wald, um Holz für den Winter zu schlagen, begleitet vom fröhlichen Pfeifen der Vögel. Erstaunlicherweise fallen mir auch hier die tollsten Ideen ein für Ansprachen, Kurse oder Zeremonien.

Man kann anderen nur dann zu einer gesunden Work-Life-Balance verhelfen, wenn man selbst diese Balance pflegt. Zeit für die Familie, Freunde und wichtige Menschen kann man sich nur dann nehmen, wenn man manchen Auftrag nicht annimmt. Und eine klare, frohe Weltsicht braucht ein gutes Maß an körperlicher Bewegung und frischer Luft. Mein Beruf ist kein 8.00-18.00-Uhr-Job mit Fünftagewoche, sondern ein chaotisches Kunterbunt an Terminen über sieben Tage verteilt – mit Freizeit zwischendurch. Für viele ist diese Unregelmäßigkeit eine Zumutung, für mich eine kreative Herausforderung. Schon als Pfarrer verlangte ich nie nach Urlaub, weil die Abwechslung und die erfrischenden Lücken zwischen der Arbeit mir ausreichend Erholung ermöglichten und weil die Tätigkeiten wohl Kraft kosteten, aber auch schenkten. Jetzt empfinde ich das immer noch so. Zu tun ist immer etwas, aber ich lasse mich nicht durch die Arbeit erdrücken, sondern nutze und schaffe kleine Auszeiten, die mir zeigen, dass ich der Herr meiner Geschäftigkeit bin. So viel von zu Hause aus tun zu können, erachte ich als Geschenk, denn dabei kann ich nicht nur selbst mein Arbeitstempo bestimmen, sondern auch viel für die Familie da sein. Und auch das Fortfahren erlebe ich immer mehr als ein Geschenk, das es mir ermöglicht, immer wieder über den eigenen engen Horizont hinausschauen zu dürfen, auch wenn ich dazu gern mehr meine Lieben dabei hätte.

Das, was Kirche für viele Menschen noch wichtig macht, nämlich eine regionale menschliche Beheimatung zu haben, kann ich hier genießen, auch ohne rein rechtlich zu ihr zu gehören. Als spirituelle Kraftquelle dient mir schon immer die Stille, der Wald, die Natur – mehr als die Versammlung der Gemeinde zum Gotteslob. Selbst das leere Kirchengebäude kann mir nicht so viel Ruhe und Erbauung bieten, wie sie mir hier in den Wäldern um mein Zuhause geschenkt wird. Manchmal stolpere ich noch über einen der schönen alten Gebetstexte, die mir über viele Jahre Impulse, Trost, Ansporn und Halt gaben, die meinen Tagesablauf strukturierten. Wenn ich mich heute manchmal nach der sanften Tagesgliederung sehne, die ich in Klostertagen erfuhr, dann verkläre ich diese eher, denn so im Frieden war ich damals auch wieder nicht. Lebenskunst einzuüben ist eine ständige Herausforderung, die darauf gründet, dass man die eingeschliffenen Abläufe immer wieder einmal in Frage stellt. Wie viel meiner Zeit möchte ich für welche Tätigkeiten investieren? Dass ich meinen kleinen Kartoffelacker bestelle, ist kein Bemühen, Geld zu sparen oder biologische Nahrungsmittel zu erzeugen. Es macht mir bewusst, dass die Erde mich beschenkt, vieles dem Wetter zu verdanken ist, nicht alles, was man sät, reiche Ernte bringt und dass im Leben selbst Mist etwas Gutes bewirkt. Und hinter solch klugen Weisheitsgedanken erkenne ich, dass ich es auch tue, weil wir das schon als Kinder tun mussten und der Duft des Kartoffelkrauts alte Erinnerungen weckt.

Erinnerungen sind das Paradies, aus dem wir nicht vertrieben werden können, sagt ein Sprichwort. Und ich merke, je älter ich werde, dass ich diese Schatztruhe gern öffne. Als ich vierzig wurde und die Pfarrei hundert, begann mein Interesse.

Wenige Jahre später schulte ich Sterbebegleiter in Altenheimen und regte auch dort an, diese Schätze zu heben. Heute bin ich über fünfzig und tausche mich gern mit meinen Geschwistern oder alten Freunden über mein Früher aus. Keiner fiel vom Himmel, wir wurden alle geprägt, sind Kinder unserer Zeit und Region. Darum gehört mein Elan heute nicht nur dem Vorwärtsstürmen und Erobern, dem Aufbauen und Umkrempeln, sondern auch dem Sichten und Stöbern, dem Rückblick und Archivieren meiner inneren Welt – auch darin mag ein Ansporn zu diesem Buch gelegen haben.

Ich plane heute mein Leben auch anders als früher. Zwar hatte ich auch schon damals, als mich die kirchliche Baubehörde bei der Sanierung des Pfarrhofs fragte, ob ich denn länger hier bleiben wollte, damit sich all der Aufwand rentiert, ein klares Ja ausgesprochen. Ich hatte es den Leuten meiner Pfarrei versprochen, hier alt zu werden, wie auch meine Vorgängerpfarrer. Als Realist ahnte ich, dass der Priestermangel dazu führen wird, dass ich immer mehr Jobs dazubekäme. Was aber wirklich kam, das ahnte ich nicht. An eine eigene Rente, den Ruhestand, ein Leben jenseits des Priesterberufs dachte ich nie. Einen Pensionierungsschock, wie ich ihn bei manchem Lehrer beim Eintritt in den Ruhestand erlebte, würde es bei mir als Pfarrer nie geben. Immer würde man irgendwo gebraucht und seine Leidenschaft für die Idee Jesu in Gemeinden einbringen können. Geldsorgen hatte ich sowieso nicht, hatte eine Unternehmungsberatung doch festgestellt, dass die Priesterrenten mehr als sicher seien.

Heute schaue ich bisweilen besorgt in die Zukunft, schließlich wünsche ich mir, dass meine Kinder studieren können, ihre musikalischen Talente entfalten und wenn sie einmal Kinder haben, dass diese dann auch einen fitten Opa haben werden. Jetzt ist meine Rente nicht mehr sicher. Solche Ängste bewegen manchen Ex-Kollegen und so pflegen diese lieber im Schoß der Mutter Kirche heimlich ihre Liebschaft weiter. Damit ersparen sie sich auch Sorgen um das Wohl von Kindern, obwohl es eigentlich umgekehrt ist: Da ich Kinder habe, schaue ich nun meinem Älterwerden gelassener ins Gesicht. Es gibt mir Trost, dass etwas von meinen Werten und Ansichten in ihnen weiterlebt. Und ich empfinde es als sehr anregend, in ihnen jemand zu haben, der mir Feedback in ganz neuer, unverstellter Weise gibt. Und ich hoffe natürlich auch auf ihren Beistand, auf ihre Nähe, wenn ich einmal alt bin.

Noch gilt es aber zu arbeiten, und zwar nicht des Lebensunterhalts wegen, sondern weil es auch viel Freude bereitet. Einen Beruf leben zu können, der einem immer wieder sagt, wie hilfreich das eigene Tun ist, empfinde ich als großes Geschenk. Da mag es mich zwar manchmal nerven, dass Paare ihre Termine hundert Mal hin- und herschieben und mein Kalender unübersichtlich bleibt bis in die letzte Minute. Da mag ich schon mal die Augen verdrehen, wenn mir das Telefon um 21.00 Uhr noch einen Auftrag zumutet und unsere Zweisamkeit stört. Da mag fast jedes Wochenende im Jahr verplant sein und unsere gemeinsame Freizeit sich andere Lücken suchen müssen. Ich empfinde es als schön, mein Einkommen und unseren Familienunterhalt damit verdienen zu können, was anderen Menschen einen markanten Mehrwert bietet. Außer im kalten Winter, in dem ich in ungemütlichen, unpersönlichen Aufbahrungshallen friere, kann ich an wunderschönen Orten arbeiten und ernte jedes Mal Lob, Dank und Anerkennung. Was will man vom Leben mehr?

Der Gottesdienstbesuch geht mir überhaupt nicht ab, auch nicht an den großen Festen wie Weihnachten oder Ostern. Zwar erinnere ich mich an die grandiose Stimmung in der vollen Kirche, wenn der Chor sang und alles von herzlicher

Feierlichkeit strahlte. Das heimelige Gefühl, wenn zur Christmette bis auf die Kerzen am großen Weihnachtsbaum alles dunkel war, ein Mädchen als Engel gekleidet das Christkind hereintrug, von sanftem Glockenspiel begleitet, und dann alle in das Lied ›Stille Nacht‹ einstimmten: Das kann man kaum gefühlsmäßig toppen. An Ostern bot sich ein ebenso euphorisches Bild, wenn die Osterkerze am frühen Morgen in die dunkle Kirche getragen wurde und ich dann ihr Loblied, das ›Exsultet‹, singen durfte. Wenn ich dann nach einigen biblischen Lesungen das ›Gloria‹ anstimmte, worauf alle Glocken zu läuten begannen, die Lichter angingen und Chor und Gemeinde voll Freude sangen: Dann war auch das ein Fest für die Sinne. Das katholische Ritual versteht durchaus für die, die es gewohnt sind, ein erlebnisdichtes Schauspiel religiöser Emphase zu bieten.

Aber man kann sich dessen auch wieder entwöhnen. Heute feiert unser Dorf mit mir Weihnachten in einem schlichten, kindgerechten »Gottesdienst« in unserer Kapelle – ohne Weihrauch und Orgel, aber dennoch mit den alten Liedern und stimmungsvoller Atmosphäre. Wir ziehen mit den Kindern am Martinstag von einem Pferd angeführt mit Laternen durchs Dorf, am Palmsonntag ähnlich mit einem grünen Zweig und an Ostern suchen wir nach einer Andacht mit den Kindern zusammen Eier rund um die Kapelle. Im Mai kommt man zur Maiandacht zusammen. Und so leben wir alte Bräuche, um dem Jahresverlauf eine Struktur und Höhepunkte zu geben. Aber mehr als in dieser Form brauche ich die christlichen Festtage nicht und vermisse nichts. Ich bin sowieso gespannt, wie lange sich diese religiöse Folklore noch aufrechterhalten lässt. Der Schrumpfungsprozess gemessen an den Besuchern der Sonntagsgottesdienste ist ja jetzt selbst auf dem Land schon enorm. Das Aufheben des Zölibats und die Gewinnung kreativer Gottesdienstleiter würde hier wahrscheinlich nicht viel ändern. Diese große Institution mit ihren starren Riten wird sich in ein ganz neues Stadium weiterentwickeln müssen. Da mögen viele im neuen Papst Hoffnung schöpfen, doch vermute ich, dass die Zeit der Volkskirchen in ihrem alten Glanz vorbei ist und er dies auch nicht zurückzaubern kann und will.

Da geht es vielen wie mir. Mir geht nichts ab, wenn ich nicht in die Kirche gehe. Ich sehe nicht ein, warum ich dafür Steuern zahlen soll. Man kann Rituale und Seelsorge auch ohne den religiösen Großkonzern organisieren. Wenn ich mich umschaue, findet sich schon bald in jedem Dörflein ein Heilpraktiker oder Ähnliches. Spirituelle Kurse, Seminare, Pilgerwege, also Angebote für »Seelisches«, finden sich zuhauf. Die Kirchen können für ihr Programm meist keine besonderen Qualitätskriterien anführen, die sie von diesen vielen anderen Anbietern abheben würden. Und genauso ist es manchmal geradezu kontraproduktiv, wenn ich meine Dienste ähnlich denen der Kirchen darstelle. Neue spirituelle Wege sind gefragt.

Mir drängt sich manchmal die Vermutung auf, dass ich den Absprung von diesem sinkenden Schiff gerade noch rechtzeitig, wenn auch zunächst unfreiwillig und ungeplant, geschafft habe. Schon zu der Zeit, als ich Pfarrer war, überlegten wir ständig, was wir denn noch tun könnten, um Leuten, zumal den jungen Familien, die Kirche »schmackhaft« zu machen. Dieses Kreisen um das bestehende System und dessen Erhalt wirkte und wirkt an sich schon negativ auf andere. Angst war noch nie ein guter Wegweiser für die Zukunft.

Heute lebe ich ohne den Rückhalt und die Rückbindung an ein vorgefundenes Glaubensgerüst. Ich traue meiner Vernunft, vertraue dem sozialen Netz und vor allem meiner Familie. Die Basis organisiert sich selbst, wenn es um Feste und

Rituale geht. Sie wird darin religionsmündig. Religionsfreiheit als Grundrecht hat ja auch diese Seite. Sich freizuschwimmen von der Bevormundung durch religiöse Monopolisten. Wie die dann damit umgehen, braucht mich jetzt nicht mehr zu kümmern. Ich genieße heute diese neuen Möglichkeiten.

Ich lebe nicht rückwärtsgewandt, das betrauernd, was ich nicht mehr habe. Manche andere Zölibatsbrecher arbeiten sich noch nach Jahren wund an dem Unternehmen, das sich von ihnen als Mitarbeiter getrennt hat. *Sie* haben sich innerlich nicht davon getrennt. Sie wollen noch immer die Kirche reformieren. Wenn ein Angestellter der Kirche sich über seine »Firma« ärgert, dann mag das ja auf diese eine Wirkung haben, doch auch sie ist nur marginal. Selbst ich würde manchem Nörgler eher raten, er solle doch gehen und sein eigenes Süppchen kochen. Ich lebe im Blick auf das, was mir möglich ist: Oberste Priorität genießt meine Familie, dann meine Arbeit, und viel später kommt das eine oder andere Ehrenamt. Obgleich ich feststelle, dass ich meinen früheren Gemeindegliedern immer noch Seelsorger bin, einer, der aktiv zuhört, ihre Sorgen ernst nimmt, mit ihnen überlegt, was notwendig sein könnte. Es ist ja nicht schwer, als einer da zu sein, der Zuversicht ausstrahlt, das Selbstbewusstsein anderer stärkt, Vertrauen weckt. Darin bündelt sich meiner Meinung nach das Wort »glauben«. Vertraue in die Zukunft, in dich, auch in den anderen, in das Leben, so wie es Jesus ja auch immer wieder sagte: »Dein Glaube hat dir geholfen!«

Dieses ist auch mein »Credo«, welches ich in diesem biografischen Umbruch neu als tragfähig erfahren habe und das ich anderen auch in Ritualen zuspreche. Wenn sie ein Kind geschenkt bekommen, wenn sie sich an einen Partner liebend binden, wenn sie einen lieben Menschen im Tod loslassen: »Ihr schafft das«, »Vertraue dem Leben, der Zukunft«.

Das ist die tägliche Übung, die mein Leben heute immer noch ausmacht und die keine »Gebetspflicht« darstellt, sondern eine Quelle der Freude ist.

Schlussgedanken

Durch meinen Vater bin ich schon seit zig Jahren Mitglied bei einem unabhängigen Automobilclub. Leistungen habe ich dort noch nie in Anspruch genommen bzw. nehmen müssen. Welche verkehrspolitische Linie er vertritt, weiß ich ehrlich gesagt gar nicht so genau. Auch weiß ich nicht, wie diese Ansichten zustande kommen und auf welche Weise der Club als Interessenvertreter politisch Einfluss nimmt. Ich zahle ungefragt meinen Beitrag und sehe das als eine Art Abschleppversicherung, schließlich bin ich viel auf Achse.

Meine Parteizugehörigkeit habe ich dagegen schon vor Jahren gekündigt. Dabei ist mir Politik sehr wichtig. Doch ich sehe, dass es keine Partei geben kann, die in allen Belangen meine Ansicht teilt und dann noch dazu so viel politisches Gewicht hat, dass ein Engagement darin jemals die Chance hat, parlamentarisch wirksam zu werden. Ich fühle mich über die Medien kritisch genug informiert und finde es müßig, dort zu versuchen, Nuancen des vertretenen Meinungsspektrums minimal verändern zu wollen. Da bin ich zu sehr der Überzeugung »ganz oder gar nicht«. Als junger Mann glaubte ich via Parteipolitik die Welt retten zu müssen und war dann frustriert, wie langsam und mühselig dort die Mühlen mahlen. Und am Ende – so schien mir – war nicht das Getreide gemahlen, sondern der Politiker so durch die Mangel gedreht, dass er brav nachsprach, was die großen Vordenker als Linie vorgaben. Und wer nicht zustimmte oder gar als Querulant das System einer Partei von innen reformieren wollte, der wurde drin nie etwas bzw. flog raus.

So kann ich jeden verstehen, der ähnlich von der Kirche denkt. In ihr wird ja nicht einmal der Anschein einer Mitbestimmung geduldet. Sie ist zigfach größer als eine unserer Parteien. Sie ist größer als jeder Konzern und dadurch völlig selbstverständlich eher ein schwerfälliger Flugzeugträger als ein wendiges Sportboot. Mir gefällt, wie Papst Franziskus als Kapitän neue Segel hisst. Aber ich vermute, dass der Kurs der alte bleibt. Es wäre vermessen, wollte ich mit diesem Büchlein ihm und seinen Offizieren sagen, wie man das Kirchenschiff richtig steuert und wo das eigentliche Ziel der Reise ist. Die Weltkirche ist riesig und ich kenne gerade einmal eine von 2954 Diözesen ein bisschen. Selbst der Blick auf die römisch-katholische Kirche Deutschlands zeigt unterschiedliche Facetten von Land und Stadt, Traditionsgebieten und Diasporagemeinden sowie überhaupt viele verschiedene mentale, kulturelle und finanzielle Aspekte. Krisen hat sie sich viele selbst eingebrockt, aber auch alle überstanden. Totgesagte leben länger. Die Kirche sagt, dass ihr Jesus den Bestand bis zum Weltuntergang verheißen hat, und es ist schon zu bewundern, was da über so viele Geschichtsumbrüche seine Existenz bewahren konnte. Allerdings war die Kirche schon in verschiedenen Formen anzutreffen, auch wenn gewisse Kontinuitäten nicht zu übersehen sind.

Ich bin aus ihr ausgetreten und verweigere ihr die finanzielle Unterstützung, wobei natürlich auch über die staatlichen Steuern Gelder an sie fließen. Aber ich verstehe sehr gut meine ehemaligen Gemeindemitglieder, die auf ihre Kirche stolz sind, die an ihrer Kirchengemeinde festhalten und die gemeinsam renovierten Gebäude fleißig nutzen.

Ich bin einfach enttäuscht durch das, was ich erfahren habe, und skeptisch durch das, was ich als ehemaliger Insider von ihren Strukturen weiß. So geht es vielen. Die Kirche, zumal die deutsche, wird wieder mal umdenken müssen; weniger Personal, weniger Finanzen und ein Papst, der neue Akzente setzt, sich neu aufzustellen: Darin liegt ja eine Chance. Jede Krise ist das auch zugleich.

Ob sie weiter Krankenhäuser, Schulen, Kindergärten, Pflegeeinrichtungen, etc. als Trägerin leiten soll, wird heute schon in Zweifel gezogen. Dass Frauen keine Weiheämter bekleiden und damit auch kaum mitentscheiden können, wird schon lange kritisiert.

Macht ist ja nichts Schlechtes, es kommt darauf an, wie man damit umgeht. Wie mächtig soll die Kirche heute im Staat sein? Andere Lobbygruppen nehmen ja auch gewaltig Einfluss. Während es diesen Interessengruppen um ihre eigenen spezifischen Vorteile geht, welche von ihren Mitgliedern definiert und von Personen, die mit der Politik vernetzt sind, gezielt eingebracht werden, geht die Kirche über diese Partikularinteressen hinaus. Sie sagt, sie hätte das Heil und Wohlergehen aller Menschen im Auge und das beträfe sämtliche Lebensbereiche. So gesehen ähnelt sie eher einer Partei, die das Gemeinwohl vertritt, welches sich auch auf viele Lebensbereiche der Menschen erstreckt. Nur erwecken die Parteien eben den Eindruck, dass sie ihre Sicht unter Einbezug der Mitglieder ermitteln. In der Kirche erkennen die Geweihten den Willen Gottes aus der Offenbarung, wozu sie das Volk nicht brauchen. Zwar lassen die Päpste immer mehr auch Bischöfe am Erkenntnisprozess teilhaben, halten Synoden ab oder geben Professoren, die nicht unbedingt Weihegewalt besitzen, eine Mitsprache. Aber es zählt nur das, was die oberste Autorität anerkennt und bestimmt.

Zu meiner Zeit als Pfarrer fand man immer noch – nach mehr oder weniger langer Suche – Leute, die am Projekt der Gemeinde mitarbeiten wollten. Ein Professor, Professor Zulehner, motivierte uns bei einer Weiterbildung für Pfarrer mit der Idee: Ihr seid Gottes Kleinunternehmer auf Erden. Bloß ließ uns das Franchisesystem Kirche immer weniger Freiheiten dabei. Erst durfte noch Rockmusik und Theater in der Kirche gespielt werden. Später wurden dann Tiefe und Anzahl der Verneigungen reglementiert. Klar geht es nicht einfach darum, Menschen irgendwie in die Kirchen zu locken. Gottesdienste müssen nicht in erster Linie Spaß machen. Aber geht es wirklich darum, in Übereinstimmung mit den Vorschriften der Weltkirche einem Gott in altehrwürdigen Riten zu dienen? Selbstverständlich ist es toll und hat einen großen Wert, dass man sich weltweit bei einem Ritual einklinken kann, das, auch wenn man die Worte nicht versteht, einen klaren Wiedererkennungseffekt hat. Doch sollten auch individuelle Bedürfnisse einer Gemeinde eine Rolle spielen. Meine Gemeinde hatte Lust, Gottesdienste lebendig zu gestalten, und stieß sich an den engen Vorgaben. Bei mir durften auch Geschiedene aktiv mitwirken, was andernorts verboten war. Auch aus solchen Gründen verabschieden sich viele Menschen nach und nach aus dem gemeinsamen Leben der Kirchengemeinden. Das Machtgebaren mancher Würdenträger verprellt zunehmend Engagierte, die ihre Freizeit dann eben anderen Aufgaben widmen.

So erscheint in Deutschland vielerorts die Kirche nur noch als Zweigstelle einer fernen wunderlich-nostalgischen Zentrale, bei der man den momentanen Filialleiter mit Geduld erträgt. Und der wundert sich nicht einmal, dass er kaum mehr nachgefragt wird, schließlich hat er es auf diese Weise auch gemütlicher. Zumal er eh ein Festgehalt bekommt, ohne Erfolgsbeteiligung. Erfolg wird von der Obrigkeit sowieso nur daran gemessen, wie korrekt der Kirchenmann deren Vorgaben durchführt, und nicht daran, wie viele Menschen von der Botschaft Jesu begeistert ihr Leben in den Dienst anderer stellen.

Stolz werden Traditionen verwaltet und altes Brauchtum gepflegt, als wäre die Kirche ein Verein zur Erhaltung nostalgischer Religionsfolklore. Ohne Zweifel finde ich auch daran etwas Schönes. Das Wort Brauch sagt ja schon, dass man solche anschaulichen theatralischen Feste »braucht« – sie schweißen ein Gemeinwesen zusammen. Noch finden sich in der Kirche viele engagierte, fröhliche, sozial orientierte, integrierende Personen, die mithelfen, dass dieses hervorragende Netz an Häusern und Möglichkeiten zum Wohl anderer genutzt wird. Doch es zeichnet sich ab, dass ebenso viele ihre Talente an anderer Stelle einbringen und abwandern. Auch mir macht mein neuer Berufsweg viel Freude und er dient genauso den Menschen. Schade finde ich lediglich, dass die fast schon perfekte Infrastruktur der Kirche teils brachliegt und nicht den Zweck erfüllt, den sie erfüllen könnte.

Martin Luther Kings Traum vom Ende der Benachteiligung Andersfarbiger hat vielen Mut gemacht, dafür zu kämpfen. Der Fall der Berliner Mauer macht Hoffnung, dass auch starre Systeme sich irgendwann der Macht der Menschlichkeit beugen müssen. So träumen auch viele von einer Kirche, die ein Ort blühender Gerechtigkeit, befreiender Solidarität und leuchtender Hoffnung in einer Welt wird, die das dringend braucht. Nur ist die Kirche kein geschlossenes System wie damals Amerika oder die DDR. Die Sprengkraft der Nonkonformisten entzündet darin keine Veränderung, sondern entweicht wie der Dampf einem Kessel, der keinen dichten Deckel hat. Menschen, die wie ich gehen, bauen sich ihr eigenes Reich. Martin Luthers Reformidee hat zu einer eigenen Kirche geführt. Und darin gab es immer wieder neue Reformer, die ihre eigene »Kirche« schufen.

Und genau darin sehe ich auch eine Chance, die sich durchaus auf Jesus zurückführen lässt. Er hat ja auch die institutionalisierte Religion seiner Zeit kritisiert. Also bringt genau diese Reibung der Welt die Wärme, die guttut. Es wäre unsinnig, die innerkirchlichen Reformer gegen die außerkirchlichen Kritiker auszuspielen. Egal, wo man sich reibt, man verfolgt ein wichtiges Ziel und kommuniziert dies. Ich erzähle dir von dem, was mir im Leben wichtig ist, und interessiere mich für dich: Wofür setzt du dich ein?

So wie ich mich nicht maßlos über all die Dinge aufrege, die mir nicht gefallen, möchte ich auch anderen raten, lockerer mit dem Thema Kirche umzugehen. Auch möchte ich kein schadenfroher Voyeur sein, der sich daran weidet, angebliche Problemzonen der Kirche so lange an den Pranger zu stellen, bis auch die guten Seiten dadurch beschädigt werden. Aber es darf hier meiner Meinung nach durchaus ähnlich wie in der Politik zugehen: Die »Opposition« sollte scharf beobachten und anklagen, was die »Regierung« nicht richtig macht.

Unser Staat billigt der Kirche zu, in manchen Bereichen gegen sonstiges Recht zu handeln – beispielsweise im Arbeitsrecht. Priester, aber auch andere Mitarbeiter dürfen anders behandelt werden (eine Scheidung ist ein Kündigungsgrund für Erzieherinnen in katholischen Kindertagesstätten beispielsweise). Der hohe Einfluss der Kirchenleitungen wird dies noch lange absichern, aber es braucht ja auch keiner bei der Kirche zu arbeiten. Ob sie sich allerdings mit dieser Haltung auf Dauer einen Gefallen tut, wird sich herausstellen.

Wer als Priester aufhören muss oder will, erhält inzwischen eine Altersabsicherung und kann sich vielleicht auch mehr Starthilfe für seine berufliche Zukunft heraushandeln, als ich bekommen habe.

Für mich ist diese Auseinandersetzung mit der Kirche hilfreich, um mir darüber klar zu werden, was ich mit meiner Arbeitskraft will, welches berufliche Tun mir selbst Erfüllung und anderen einen Nutzen bringt. Und über den Aspekt der Erwerbstätigkeit hinaus wird mir dabei klar, welche größeren Ziele ich mit meiner Zeit und meinen Möglichkeiten verfolgen möchte. Soll ich dafür das hehre Wort »Lebensziel« verwenden oder gar »Lebenssinn«? Ja, mit 16 glaubte ich mich berufen, wie der Heilige Franz von Assisi den Armen zu dienen und die Kirche aufzubauen. Dafür hatte mich Gott an diesen Platz in der Welt gestellt.

Die große Frage »Warum bin ich auf der Welt?« stellt sich heute so nicht mehr. Kausal ist klar: weil mich meine Eltern zeugten. Final zögere ich. »Damit ich in den Himmel komme und an Gottes ewiger Herrlichkeit teilhabe«, geht mir als Antwort nicht so leicht über die Lippen. Bin ich hier, um das Leben zu genießen oder um mich für andere aufzuopfern? Gibt es eine Instanz, die das eine oder andere zu tun vorschreibt, belohnt, wünscht? Mein Biologielehrer sagte, der Sinn des Lebens ist zu leben – vielleicht noch, sich zu vermehren. Andere würden sagen, das Überleben der Art zu befördern.

Als Kirchenmann tut man sich da eben leichter. Da sagt einem einer, dass Gott ist und wie er ist und was er will und was er von dir will. Heute bin ich kein Kirchenmann mehr und auch kein komplett im Sinne der Bibel, im Sinne des Christentums Glaubender mehr. Und so suche ich nach dem, was für meine Situation passt. Zunächst lebe ich ziemlich dankbar und glücklich, was aber nicht schwerfällt, habe ich doch prächtige

Kinder, eine liebe Frau, ein direktes Umfeld ohne Krieg und Not und ein gutes Einkommen für mich. Nicht nur meine Grundbedürfnisse sind gesättigt: ein Dach über dem Kopf, Essen und Trinken, usw. Ich bin gesellschaftlich anerkannt, sozial integriert und vieles mehr.

Das alles wünsche ich auch allen anderen. Und ich merke, dass es mir Freude bereitet, dabei mitzuhelfen. Ich kann meine individuellen Ideen größtenteils umsetzen, mich mit meiner Person reflektierend auseinandersetzen und was weiß Gott noch alles tun. »Was weiß Gott noch alles…« Ich vermute, dass genau diese Aussage die Spannung aufbaut, die es bei mir gibt: der Wunsch nach Zufriedenheit einerseits und die Unruhe und Offenheit für Neues andererseits. Und überhaupt vermute ich, dass die Art, wie wir unser Leben leben, stark in der Kindheit geprägt wurde, so dass ich wohl auch zukünftig eine gesunde Mischung aus eigenem Glückserleben und dem Bemühen um das Wohl anderer verbinden werde. Mit in die Wiege und die Schultasche gelegt war mir ein kritisch-wohlwollendes Interesse an der Kirche und ein intensives Fragen nach deren Mittelpunkt, nach Gott.

Als eine Versicherung für ein gemütliches Jenseits brauche ich die Kirche nicht mehr. Auch muss ich nicht mehr in ihr wie in einer Partei engagiert sein, um die Dinge zu bewegen, die ich gerne bewegen möchte. Und zum Feiern, dass das Leben schön ist und wert, gelebt zu werden, habe ich hier in meiner alten Pfarrei Menschen genug. Auch mein täglich Brot muss ich mir nicht mehr bei ihr erbitten; das verdiene ich mir heute auf andere Weise, wenn auch fast auf dem gleichen Gebiet.

Was noch zu sagen wäre

Autobiografisch bin ich in diesem Büchlein um mich gekreist, habe meine Ansichten präsentiert, habe das ICH in den Mittelpunkt gerückt.

Die Ichzentrierung ist typisch für die christliche Weltanschauung. Diese hat mit dieser Sicht die westliche Welt stark geprägt. Gott hat sein Augenmerk auf dich, diesen einzelnen Menschen gerichtet, er will DEIN Heil. Das Judentum hatte da noch viel mehr das Volk Gottes im Visier. Eine individuelle Auferstehung war da nicht nötig. Der Einzelne stand im Dienst des Ganzen. Fernöstliche Philosophien sehen die Grundlage des Leidens im Überbetonen des Ichs. Erst durch Loslassen wird das Leiden überwunden.

Ich halte alle drei Sichtweisen für wichtig. Von meinem Ich kann ich mich nicht mehr dispensieren. Aber ich weiß, wie verkrampft ein Leben wird, wenn es sich nicht öffnet für das große Ganze, die Solidarität mit den Menschen weltweit – und nicht nur kleinkrämerisch mit den Bürgern des eigenen Landes. Nationalistisches Denken ist anachronistisch, wo wir doch auf Rohstoffe, Wissen und das Tun von Menschen rund um den Globus angewiesen sind. Ein Egoismus, der nur vom Bezugsrahmen vergrößert wird, dient weder dem eigenen Volk noch der Menschheit. Man kann dauerhaft nicht auf Kosten anderer leben, das geht nicht gut.

Ein Loslassen von überzogenen Ichansprüchen kann gelernt werden und wird am Ende auch die große Aufgabe des Lebens sein. Sterben bedeutet, sein Ich loszulassen. Übungsfelder gibt es dafür seit Kindertagen. Ein Spielzeug, das es mit dem Geschwister zu teilen gilt, ein verlorenes Handy sind simple Beispiele dafür. Auch der Wunsch, einen geliebten Menschen nach seinem Tod einmal wiederzusehen, ist Egoismus, der schon dort beginnt, wenn man ihn nicht sterben lassen will. Auch der Wunsch, nach dem eigenen Tod in ein paradiesisches Schlaraffenland zu kommen, ist Egoismus. Diese laute innere Stimme, die für alle anderen weiß, was richtig wäre, die meint, viel besitzen zu müssen, bewirkt viel Elend. Also gilt es unterscheiden zu lernen: Wie viel ICH tut gut und worauf kann ich gut und gern verzichten?

Doch um dies zu können, muss ich diese schwierige Frage klären: Wer bin ich? Übungen dazu gibt es viele, wissenschaftlich erhärtete und spielerisch witzige. Um jemanden zu kennen, muss man eine geraume Zeit mit ihm leben, sagt ein Sprichwort. So sind neben den Typologien eines Fritz Riemann oder des Enneagramms meine besten Hilfen zur Selbsterkenntnis meine Frau und meine Kinder. In ihrem mir liebevoll vorgehaltenen Spiegel muss ich manchmal über mich selbst schmunzeln. Dieses Wissen macht demütig und Demut ist die Kunst, sich als irdisches, vergängliches, gewachsenes Wesen zu relativieren.

Wachstum hat zunächst etwas Raumgreifendes, dann eine Phase größter Entfaltung und Blüte, wendet sich aber nach dem Zenit auch wieder dem Vergehen zu. Die verwelkte Pflanze düngt den Boden. Dieses Bild lädt mich ein zum Weiterspinnen. Mag schon sein, dass die Wurzel nach dem Winter wieder neu austreibt und es eine Art Wiedergeburt gibt. Mag schon sein, dass die Samen vielfältig neues Wachstum bedeuten oder nur der zu Humus vergangene materielle Rest einer anderen Pflanze als Nahrung dient und ihr gleichsam zum Blühen verhilft. Wie und was dann von mir weitergeht, kann mir eigentlich egal sein. An meinen Brennnesseln im Garten sehe ich all dies: Blätter, die zu Humus werden, Wurzeln, die sich vom Winter nicht schädigen lassen, Samen, die Verbreitung bedeuten. Und dabei weiß und schätze ich, wie gesund dieses Kraut ist, das manchmal gehörig schmerzt. Wenn mein Leben, meine Gedanken und dieses Buch so eine Brennnessel wären, machte mich das stolz.

Jedenfalls wirken Brennnesseln blutreinigend. Die letzten Jahre haben auch bei mir den Schmutz mancher Verletzung ausgespült. Ich sehe recht versöhnt auf die Kirche und auf Menschen, die es dort zu etwas gebracht haben. Neid ist sowieso kein erfreuliches Gefühl. Ich freue mich, wenn auch dort Menschen Erfüllung finden und anderen zum Leben dienen.

Menschen verwenden ihre Mühe darauf, diese Welt etwas lebenswerter zu gestalten. Dazu erfinden sie Geräte, organisieren das gemeinschaftliche Leben und tun vieles mehr. Diese praktischen Aufgaben scheinen riesig und sehr wichtig. Dennoch fußen sie auf der grundlegenden Frage: Was braucht mein Leben, damit es gut passt? Wer hier richtig justiert, der erspart sich dort großen Aufwand und erfährt in einfacherer und solidarischerer Weise das, was Philosophen seit jeher »Glück« und Glaubende »Heil« nennen.

Bücher, die Lebensweisheit enthalten, sind somit nicht etwas für Mußestunden, sondern für die, die sich in ihren Alltagsaufgaben vielleicht unnötig viele Sorgen bereiten.

Ich wünsche meinen Lesern, dass sie ausgesöhnt und mit

sich und anderen in größtem Frieden das suchen, tun und verbreiten, was wichtig ist:

Daseinsfreude im Miteinander.